Christoph August Tiedge

Urania

und kleinere Dichtungen

Christoph August Tiedge: Urania und kleinere Dichtungen

Urania:
 Erstdruck: Halle 1800.
Kleinere Dichtungen:
 Erstdruck zwischen 1803 und 1814.

Neuausgabe mit einer Biographie des Autors
Herausgegeben von Karl-Maria Guth
Berlin 2017

Der Text dieser Ausgabe folgt:
Deutsche Nationalliteratur, Herausgegeben von Joseph Kürschner,
Stuttgart: Union Deutsche Verlagsgesellschaft.

Die Paginierung obiger Ausgabe wird hier als Marginalie zeilengenau mitgeführt.

Umschlaggestaltung von Thomas Schultz-Overhage unter Verwendung des Bildes: Christoph August Tiedge, Stich von Gustav Zumpe, nach einem Gemälde von Fr. Weitsch

Gesetzt aus der Minion Pro, 11 pt

Verlag: Henricus - Edition Deutsche Klassik GmbH
Mörchinger Str. 33, 14169 Berlin, info@henricus-verlag.de
Druck: Libri Plureos GmbH, Friedensallee 273, 22763 Hamburg

Die Ausgaben der Sammlung Hofenberg basieren auf zuverlässigen Textgrundlagen. Die Seitenkonkordanz zu anerkannten Studienausgaben machen Hofenbergtexte auch in wissenschaftlichem Zusammenhang zitierfähig.

ISBN 978-3-7437-0645-3

Bibliografische Information der Deutschen Nationalbibliothek

Die Deutsche Nationalbibliothek verzeichnet diese Publikation in der Deutschen Nationalbibliografie; detaillierte bibliografische Daten sind im Internet über www.dnb.de abrufbar.

Inhalt

Urania 4
  Widmung 4
  Die Weihe 5
  Erster Gesang 7
    Klagen des Zweiflers 9
  Zweiter Gesang 23
    Gott 25
  Dritter Gesang 43
    Leben. Glückseligkeit. Wahrheit 44
  Vierter Gesang 59
    Unsterblichkeit 61
  Fünfter Gesang 78
    Tugend 80
  Sechster Gesang 99
    Freiheit. Wiedersehn 101
Kleinere Dichtungen 125
  1. Maigesang 125
  2. Elegie auf dem Schlachtfelde bei Kunersdorf 127
  3. Entsagung 134
  4. An Grotthuß 137
  5. Nach einem alten Liede 138
  6. Romanze 139
  7. Der Kosak und sein Mädchen 140
  8. Die Sendung 142
  9. Das verfehlte Wort 143
  10. An die Deutschen! 145
  11. Der letzte Raub 147
  12. Die Nacht der Siegesbotschaft 148
Biographie 150

Urania

An meinen Gleim

zum zweiten April 1801.

Zum Opfer Dir, dem Edeln, Weisen,
Den heut' in Emmas Hain ein schöner Altar ehrt,
Und Lieder, welche Dich Urania gelehrt,
Mehr, als des Freundes Lieder, preisen;
Dir, Freund, der zwischen zwei Unsterblichkeiten steht,
Mit einem Kranz, den in geweihten Stunden,
Vom Hauche der Begeistrung angeweht,
Die Muse Halladats um Deine Stirn gewunden;
O Dir, Du Sänger Gottes, weiht
Sich dieses Lied von Gott und der Unsterblichkeit.

Tiedge.

Die Weihe

Ich weih' im Thale den tiefsten Hain,
Daß seine Beschattung mich hülle;
Zum ruhigen Heiligtum weih' ich ihn ein,
Zum Tempel der seligen Stille.

Es ist ein dämmerndes Friedensreich,
Das flüsternde Lauben umgrünen;
Da ist mir am blühenden Rosengesträuch
Ein weihender Engel erschienen.

Mein Geist war fern um ein teures Grab
Vertieft in unendliches Trauern;
Da kam auf mich ahnendes Leben herab,
Gleich wunderbar mächtigen Schauern.

Und schön, wie himmlische Jungfrau'n, schön
Zu heiliger Botschaft erlesen,
Entschwebte dem Lichte vergeltender Höh'n
Ein hohes, ätherisches Wesen.

Hell floß um blondes Gelock der Kranz,
So strahlt's an unsterblichen Stirnen;
Doch dämmert es ernst durch den leuchtenden Glanz,
Es war das erhabenste Zürnen.

»Wer bist du, schwebende Lichtgestalt?
Entflohst du dem himmlischen Neigen?« – –
Nun wandelte leises Getön durch den Wald;
»Urania!« scholl's in den Zweigen.

»Gebeutst du, zürnend, Erhebung mir?
O zürne, du Hohe, nicht länger!
Schon naht sich, in frommer Begeisterung, dir
Der einsame, trauernde Sänger.«

Und sanfter floß um die Lichtgestalt
Die Ruhe der Göttergefilde;
Sanft tröstend umfing mich die süße Gewalt,
Die Kraft unaussprechlicher Milde.

O, darum weih' ich den tiefen Hain,
Daß seine Beschattung mich hülle,
Zum ruhigen Heiligtum weih' ich ihn ein,
Zum Tempel der seligen Stille!

Dort schwebt, vergöttert, mein Geist hinauf!
Entfesselt hinüber ins Freie.
Den Altar Uraniens richtet' ich auf,
Im Hain der erhabenen Weihe.

Kein Frevler nahe dem Altar sich,
Den heilige Schatten umschleiern!
Dort aber soll, hohe Vergötterte, dich
Mein sanftester Harfenton feiern!

Erster Gesang

Der Zweifler schaut in das Leben friedlicher Tage, in die Stille seines unbefangenen Glaubens hinüber, klagt die Ausstellungen einer skeptischen Philosophie an, und fodert von ihr seine Tröstungen, seine Ruhe zurück. Verluste, welche die zartesten Seiten des irdischen Daseins verwunden, stellen seine innere Beruhigung auf eine harte Probe, die das Gemüt einem Gedränge niederschlagender Wahrnehmungen hingiebt.

In solchem Zustande der innern Zerrissenheit entwickelt sich der Zweifel an dem Dasein Gottes. Die in der Naturwelt uns begegnenden Hindeutungen auf eine ordnende Weltregierung erheben das Gemüt zur Höhe des Friedens empor: aber auch dort erreichen ihn die Erfahrungen aus der sittlichen Welt, beugen ihn schmerzlich danieder, entkräften seine freudigste Hoffnung, und treiben die geängstete Seele in sich selbst zurück.

Hier erscheint ihr das eigene Dasein als ein verwickeltes Rätsel. Sie überschauet mit Wehmut den Gang ihres irdischen Lebens, welches mit bald dahinsinkender Kraft dem Untergange zueilt. Nicht dauernder sind die edelsten Denkmale im Nachlasse der Tugend. Umsonst ist unser Forschen, unser Streben nach vollständiger Erkenntnis und befriedigender Glückseligkeit. – Was sollen uns nun Bedürfnisse, die über dies Dasein hinausreichen? Diejenige Weisheit, die dem Menschen seinen Himmel in der Tugend hienieden anweiset, ist eine kraftlose Trösterin; sie giebt ihn einem vielfachen Tode preis; und wie quälend ist die hoffnungslose Sehnsucht nach einer rettenden Zukunft, indem jene Weisheit, diese Zukunft aufzugeben, uns anrät. Dieses geplagte, mit den regellosen Gegensätzen von Tod und Leben, Verdienst und Schicksal, Tugend und Laster umringte, Dasein gewähret nichts, als eine rätselhafte, finstere Ansicht des Zirkelganges vom Entstehen und Verschwinden. Furchtbar schrecken die Erinnerungen des Todes uns an. Ward es ihnen vielleicht gegeben, aufzuregen in uns das Bedürfnis der Hoffnung, ohne welche die Kraft unseres bessern Willens gegen die Stürme des Lebens und den Drang sinnlicher Foderungen nicht besteht? Hier stößt das Gemüt auf die unleugbare Abhängigkeit seiner innern Bestimmungen von der Gewalt irdischer Triebe.

Thatsachen einer solchen Abhängigkeit widersprechen der, dem Menschen zugeschriebenen, sittlichen Freiheit und der davon herfließenden Verdienstlichkeit und Zurechnungsfähigkeit moralischer Erscheinungen. Demzufolge kann der Mensch nicht umhin, sich als ein, von drängenden Antrieben seiner Organisation und von despotischen Schicksalen hin- und hergeworfenes, Wesen anzusehen. Dennoch fordert eine innere Stimme von ihm die Tugend: er soll, was er nicht kann. Diese Vorstellung vollendet den trauernden Zweifler, der, wie ein Verlaßner auf offnem Meere, von zufälligen Wogen umhergetrieben wird, und hoffnungslos nach Zuversicht schmachtet.

262

Klagen des Zweiflers

Mir auch war ein Leben aufgegangen,
Welches reich bekränzte Tage bot;
An der Hoffnung jugendlichen Wangen
Blühte noch das erste, zarte Rot;
Auf der Gegenwart umrauschten Wogen
Brannt' ein Morgen, schön, wie Opferglut;
Hohe Traumgestalten zogen
Stolz, wie Schwäne, durch die rote Flut;
Leichte Stunden rannen schnell und schneller
An dem halberwachten Träumer hin,
Und die Gegend lag schon hell und heller,
Nur auch wüster, da vor meinem Sinn.

Forschend blickt' ich in die weiten Räume;
Aber bei dem zweifelhaften Licht
Sah ich jetzt nur meine Träume!
Wahrheit selbst, die Wahrheit sah ich nicht!
O der Helle, die dem guten Schwärmer
Nichts zu zeigen hat, als seine Nacht!
O des Lichtes, das den Glauben ärmer,
Und die Weisheit doch nicht reicher macht!

Stolze Weisheit! durftest du mir's rauben,
Das erhabne, stille Seelenglück?
Nimm, was du mir gabst; nur meinen Glauben,
Meine Hoffnung nur gieb mir zurück,
Daß mein Haupt auf ihren Schoß sich neige,
Und dies Herz, das schwere Seufzer trug,
Ihr die Narben von den Wunden zeige,
Welche mir das harte Leben schlug!
Wie geschreckt von einem grausen Fluche,
Der aus einem Himmel mich verstieß,
Fahr' ich zitternd auf, und suche
Mein verlornes Paradies.

Friede war um mich. Durch Blumenstellen
Wandelte mein unbefangner Schritt,
Wie ein Lenztag, der aus seinem hellen,
Sonnenroten Morgenhimmel tritt.

Hin, dahin ist diese holde Jugend
Einer Zeit, die blühend mich umfing!
Stumm die Gegend, wo die stille Tugend
Einer hohen Seele ging!
Jedes Thal, voll Ruh' und Abendröte,
Mahnet mich an Hehras Seelenflug,
Als sie *auf* den Blick zum Himmel schlug,
Und der Geist, der ihr Gefühl erhöhte,
Meine Seel' auf Engelflügeln trug.
Mitten durch die finstern Grabcypressen
Leuchtet jener Abend mich noch an,
Jener Sternenabend – unvergessen
Strahlt mich seine ernste Feier an.
Wie verherrlicht! wie empor gehoben!
Einer heiligen Entzückung gleich,
Rief sie aus: »Zum Wiedersehn dort oben
Sei gegrüßt, du stilles Geisterreich!« –
Zu dem Strahl, der ihr Gemüt besonnte,
Flog mit ihr auch meine Seel' empor.
Ach! die Zeit, als ich noch glauben konnte,
Sie ging unter, wie ein Meteor,
Das am ausgestorbnen Horizonte
Keinen Wiederaufgang feiern darf!
Zeig' am Leben mir die rote Stelle,
Jenen Lichtblick, den die Morgenhelle
Einer andern Welt herüber warf!
Ja! wir dünken uns erhabne Götter,
In des Lebens Seligkeit vertieft;
Doch wie anders, wenn ein dunkles Wetter
Unsern innern Lichttag prüft!

Finster schweigend liegt vor mir die Ferne!
Wie vom Sturm empor gejagt,

Richtet zwischen mir und meinem Sterne
Sich der Zweifel auf, und fragt:
»*Sein* und *Werden*! seid ihr Dunstgebilde,
Die aus tiefer Nacht herüber wehn,
Und zerflatternd in dem Traumgefilde
Dunkler Phantasien untergehn?« –

Wenn ich sinnend durch das Leben walle,
Dann erscheint mir das Gebiet der Zeit
Wie der Schauplatz einer Schattenhalle,
Wo die Täuschung ihre Bilder reiht.

Traurig! traurig! seine Lauberhütten
Wie an einen Abhang, in das Graun
Einer ewigen Zerstörung, mitten
Unter Truggestalten hinzubaun!
Keinen Aufblick eines holden Strahles,
Der den Sinn des großen Bildersaales
Der Natur enthüllte, je zu schaun!
Konnt' im Menschen Gott den Durst entflammen,
Der für Wahrheit brennt, und grausam ihn
Zum Verschmachten dann so tief verdammen?
Ihm den Becher zeigen, und entziehn?

Gott! ein Gott! ach, irrend such' ich ihn! –
Draußen, in der blaugewölbten Halle
Seines Tempels, such' ich seine Spur;
Suche Hoffnung, Trost und Ruh', und falle
Weinend in die Arme der Natur.
An die Sterne heften meine Klagen
Manches tiefe, seufzende Warum?
Keine Antwort spricht aus meinen Fragen;
Alles schweigt, die Mitternacht ist stumm.

Nächtlich einsam wandl' ich durch die Heide,
Wo mein Geist den weiten Raum durchschifft.
Wer enthüllt mir diese Sternenschrift
An dem feierlichen Prachtgebäude?

Wer enthüllt die Flammeninschrift mir
An der Kuppel dieses großen Domes?
Waltet eines Gottes Finger hier?
Waltet er im Glanz des Weltenstromes,
Und im Bach, der durch die Felsen hüpft?
Lebt ein Gott im Menschen und im Wurme?
Hör' ich dort ihn in dem Donnersturme?
Hier im Säuseln, das durch Myrten schlüpft?

Sieh! am Himmel leuchten tausend Sonnen
Einen stillen Geist zu Gott hinan;
Aber blick' auf unsre Welt: – o dann,
Was dein Glaube dort an Licht gewonnen,
Löset hier in Graun und Nacht sich auf,
Und ein Sturm empörter Schmerzen
Schreit im tiefzerrißnen Herzen
Eingesungne Zweifel wieder auf

Freundlich tritt die Sonn' auf ihre Wolke;
Doch den Wahn, der Menschen noch bethört,
Strahlt sie nicht hinweg aus diesem Volke,
Welches ewig, ewig sich zerstört.
Sieh! da ziehn die wilden Blutvergeuder,
Mord in Händen, Mord im wilden Blick!
Ist ein Gott? ein Rächer und die Schleuder
Seines Blitzes hält den Strahl zurück?
Elend seufzet dort in dunkler Kammer!
Laster stehen, wo die Tugend fällt!
Ist ein Gott? und so zerdrückt von Jammer
Die hinausgestoßne Welt?
In Cypressen hüllt ihr Haupt die Duldung,
Und die Tugend erntet Hohn und Spott!
Unschuld trägt die Strafe der Verschuldung!
Edle darben, und es ist ein Gott? –
Oder führt den großen Zug ein Blinder?
Waltet überall ein blindes Los?
Sind die Welten ausgesetzte Kinder?
Fielen sie auf keinen Pflegeschoß? –

Aber sieh! es leuchtet, still und groß,
Hohe Weisheit *auf* an jeder Pflanze;
Von dem königlichen Cederkranze
Bis hinunter auf das niedre Moos. –

Dennoch, tief verhüllt und leise,
Schreitet eine finstre Macht daher,
Für das Ohngefähr zu weise,
Für die Weisheit zu sehr Ohngefähr.
Ja! das ist die Macht, die feindlich
Unsern schönsten Traum zerstören darf;
Die den Kranz zerreißt, den still und freundlich
Zarte Lieb' in unser Leben warf.
Stimmentöne ziehn um unsre Lauben,
Seufzend hier, dort jauchzend, ab und auf.
Eine Stimme ruft den Glauben,
Eine andre jagt den Zweifel auf.
»Sagt, wo wird dies Streitgetön verhallen?«
Fragt des Dulders thränenvoller Blick.
»Wohnet dort in jenen Sonnenhallen
Ein versöhnendes Geschick?
Unter welcher neuen Frühlingskrönung
Wird die Liebe ihren Himmel weihn?
Oder wird kein Fest der Weltversöhnung
Und wird nirgends Recht und Friede sein?« –

Ob ein Gott sei? ob er einst erfülle,
Was die Sehnsucht weinend sich verspricht?
Ob, vor irgend einem Weltgericht,
Sich dies rätselhafte Sein enthülle?
Hoffen soll der Mensch! er frage nicht!

Die du so gern in heil'gen Nächten feierst,
Und sanft und weich den Gram verschleierst,
Der eine zarte Seele quält,
O Hoffnung! laß, durch dich emporgehoben,
Den Dulder ahnen, daß dort oben
Ein Engel seine Thränen zählt!

Wenn, längst verhallt, geliebte Stimmen schweigen;
Wenn unter ausgestorbnen Zweigen
Verödet die Erinnrung sitzt:
Dann nahe dich, wo dein Velaßner trauert,
Und, von der Mitternacht umschauert,
Sich auf versunkne Urnen stützt.

Und blickt er *auf*, das Schicksal anzuklagen,
Wenn scheidend über seinen Tagen
Die letzten Strahlen untergehn:
Dann laß ihn, um den Rand des Erdentraumes,
Das Leuchten eines Wolkensaumes,
Von einer nahen Sonne, sehn! –

Aus den Blicken dieser Hoffnung schimmert
Warmes Leben in den kalten Schoß
Eines Daseins, dem ein hartes Los
Jede Ruh' und jeden Trost verkümmert.
Wenn sie aufgeht – o wie still und groß!
Wie ein Engel, still und groß erscheinend!
Was Tyrannen kalt und seelenlos
Vor sich niedertraten, neigt sich weinend,
Selig weinend hin auf ihren Schoß.

Süße Hoffnung! unter Friedensharfen
Bildete sich dein Vergöttrungstraum;
Kalte Todesstürm' und Zweifel warfen
Nachtgewölk in diesen lichten Raum.
Wankend irr' ich, wie in dunkler Höhle,
Die den Blick ins Freie mir beschränkt;
Und die Seele – – Doch was ist die Seele,
Weißt du, wie sie lebt, und wie sie denkt?
Weißt du, ob sie einst noch retten werde
Dieses Leben ihrer innern Welt,
Wenn um sie das Haus von Erde,
Wo sie wohnt, in Staub zerfällt?
Ihre Kraft, muß sie durch Schmerzen reifen,
Ohne je der Reife sich zu freun? –

Keine Antwort! Diese Fragen greifen
Finster in die Finsternis hinein.
Nur ein schwermutvolles Mondgezitter
Wirft ihr durchs Gefängnisgitter
Einen matten, kranken Strahl herein.
Ach! sie schaut hinaus, und draußen wanken
Die Gestalten um ein weites Grab.
Blüten sinken, Früchte fallen ab
Von den Zweigen, so die Höhl' umranken.

Trat ich hin an den Naturaltar,
Um darauf, als Opfer, zu verbluten?
Bringt das Leben seine zwei Minuten
Zitternd der Vernichtung dar?
Leer war meine Stelle, eh' ich war;
Ist der Schritt *zum* Nichtsein nicht derselbe,
Der der Schritt *vom* Nichtsein ist?
Sieh! wir treten in dies Prachtgewölbe,
Schaun hinauf, und scheiden unvermißt.
Frag' das Leben! Hat es mehr zu sagen?
Schleicht dort nicht in abgeblühten Tagen
Die Vergangenheit, wie ein Gespenst?
Frage dich, ob du den Mann noch kennst,
Der, vom Glanze seiner Geistesgaben
Weggesunken, nun im Dunkel lebt?
Eh' der Rasen uns begräbt,
Hat uns schon die Zeit begraben.

O Natur! an deinen Blutaltar
Tritt die Zeit, und bringt den Stolz der Höhen,
Selbst der Tugend heilige Trophäen
Bringt sie dir, zu teuern Opfern, dar! –
Armes Dasein, das, sich stolz erhebend,
Über seinen Raum hinüber lauscht,
Immer, hin nach Idealen strebend,
Mängel nur um andre Mängel tauscht!
Eingeweiht zum Lichtgenossen,
Fragt der Forscher, wo die Wahrheit wohnt;

Aber sieh! der Himmel ist verschlossen,
Wo die hehre Göttin thront.
Ach! wir spähn und ringen nur vergebens!
Nebelwüste starrt um unsre Bahn;
Und am finstern Eingang dieses Lebens
Harret schon auf uns der Wahn,
Der uns fort durch jede Krümme
Labyrinthischer Gewinde reißt!
Dennoch hat die Wildnis eine Stimme,
Die uns Seligkeit und Licht verheißt. –

Seligkeit! – aus welcher lichten Sphäre
Warfst du deinen Schatten uns herab?
Dunkel spiegelt er in jeder Zähre,
Die auf Freudentrümmer fällt, sich ab.
Reiche Fülle zündet tiefres Sehnen
In dem stürmevollen Busen an.
Sinkt verarmt, was dürftig hier begann;
Warum fodern unsre Thränen,
Was kein Gott gewähren kann?

»Laß uns«, spricht ein Weiser, »las hienieden,
Wenn wir das ersehnte Dort nicht schaun,
Laß durch Tugend uns den Frieden
Eines Erdenhimmels baun!« –
Einen Frieden im Getümmel
Dieses wandelbaren Glücks?
Armes Herz! so baue deinen Himmel
In die Schranken eines Augenblicks! –
Möge sich der hohe Weise rühmen,
Diese Weisheit zu verstehn:
Sich den Weg zum Nichtsein zu beblümen;
Ich kann nicht so glorreich untergehn.
Winken dort nicht höhere Berufe:
Dann ist Tod, und nichts als Tod, um mich;
O dann steht das Tier auf seiner Stufe
Höher, seliger, als ich!

Fröhlich zirpt die Grille durch die Heide,
Fröhlich hat sie einmal ausgezirpt,
Wenn der Mensch mit *jeder Freude*,
Die dahin stirbt, *einmal* stirbt.

O, Zerstörung! welche Todeswunden
Drohn den feierlichsten Weihestunden!
In die Lust verkleidet sich der Schmerz.
Liebe! Lieb', um deine Rosentage
Flattert selig der bekränzte Scherz:
Dort sieh hin! am stummen Sarkophage
Weint und blutet ein verwaistes Herz! –
Lieb' und Freundschaft! müßt ihr so verschwinden,
Im Gebiete, das ein Wurm verheert:
Und ihr dürft ein Engelreich verkünden,
Das die großen Opferungen ehrt?

Dies Emporschaun von dem engen Thale,
Ist es Wahnsinn? ist's ein Flug im Traum? –
Und doch leuchtet's oft in diesem Raum,
Als ob Götterglanz vorüber strahle.
O, der edle, hohe Tugendsinn!
Wird er nie Vollendungskronen tragen?
Geißeln uns so zwecklos hundert Plagen
Durchs Gewühl des Lebens hin?
Eines Lebens, das wir nicht begreifen,
Wenn es darum nicht der Zeit entquoll,
Um an einer Ewigkeit zu reifen?
Welch ein Leben! Weißt du, was es soll?
Sieh' es an! kein Fiebertraum ist bunter,
Weise fallen, die ein Narr begräbt;
Hehras Seelenlicht ging unter,
Und der düstre Wahnsinn lebt!
Schau! hier sinkt der Kindheit frische Jugend,
Dort des Alters graue Kindheit hin!
Frag' das Laster, frag' die Tugend!
Hat das Leben einen Sinn?
Ist der Lichttag göttlicher Aurele,

Tief zur Nacht hinabzusinken, wert?
Wird die Nacht in der Tyrannenseele
Nie zum heitern Lichttag aufgeklärt?
Horchend tret' ich an die dunkle Pforte,
Wo die trauernden Cypressen wehn;
Murmeln hör' ich dumpfe, düstre Worte:
»Blühen, wachsen, welken und vergehn!« –

Wag' es nicht, das Haupt emporzuheben!
Vor dir steht er, des Vernichters Thron.
»Schau! ich bin das Elend«, spricht das Leben
Zu dem Menschen – »und du bist mein Sohn!«
Ja, der Lufthauch, der den Halm umfächelt,
Hob das Röcheln einer Brust empor;
Und der Tau, worin die Rose lächelt,
Drang, als Scheidethrän', einmal hervor!
Was erringt die junge Kraft des Strebens?
In dem zarten Pulse klopft und dringt
Ein Zerstörer an die Thür des Lebens,
Bis der Einbruch, den er droht, gelingt.

Sagt, verborgne Mächte! warum wüten
So viel Stürme nieder unsre Blüten?
Warum fällt der Mensch nicht unbedroht?
Wird ihm nichts den finstern Gang vergüten?
Warum fühlt denn *er* nur seinen Tod?
Sprecht! hat die Natur des Todes Schrecken
Darum in dies Dasein hingestellt,
Um den Erdentraum hinaus zu wecken
Zu der Feier einer Götterwelt?
Sagt! was giebt der Tugend Mut, zu handeln,
Kraft, sich auf zu kämpfen, wenn sie sinkt,
Und getrost den Klippenweg zu wandeln:
Wenn da drüben keine Krone winkt?

Wird die kalte Weisheit Fluten hemmen,
Die der Sturm auf wilden Flügeln trägt?
Diese Welle, die das Ufer schlägt,

Wird, trotz ihr, das Ufer niederschwemmen.
Mächtig dränget uns durch Lust und Schmerz
Die Natur, von That zu That, hinüber.
Gieb dem Herzen *eine* andre Fiber:
Und es ist nicht mehr dies Herz;
Und es knüpfen andre Folgenreihen
Sich an andre Thatenreihen an.
Wenig von dem Mann, dem wir verzeihen,
Oder den wir richten, ist der Mann.
Nur ein Funken Lebensfeuer minder
In Piedros[1] flammenreichem Blut:
Und er wurde nicht der grause Sünder,

1 *Piedro.* Das Unternehmen des tapfern Korsen San Piedro gegen die Genueser, die Unterdrücker seines Vaterlandes, endete mit einem unglücklichen Erfolg. Er konnte nicht mehr retten, und flüchtete mit seiner Gattin, Vanina Ornano, und seinen beiden Söhnen nach Frankreich, um von dort aus kräftiger unterstützte Versuche zur Wiedereroberung der entrissenen Freiheit einzuleiten. Die Genueser wendeten sich an Vanina, mit dem Erbieten, ihren Gatten zu begnadigen, und ihm die, der Einziehung zugesprochenen, Güter zurückzugeben, wenn sie die Rückkehr Piedros nach Korsika bewirken würde. Vanina schwankte, ob sie diesem Antrage Gehör geben sollte; und endlich wurde sie durch den Geistlichen, der der Lehrer ihrer Söhne war, zu dem Entschlusse bestimmt, nach Korsika zu gehen. Ihre Sachen waren eingeschifft, und sie selbst war schon auf der Reise begriffen, als Piedro davon Nachricht erhielt, und ihr sogleich einen Freund nachschickte, der sie einholte und zurückführte. Vanina stand unter dem Schutze des Parlaments zu Aix. Piedro forderte trotzig vom Parlamente seine Gattin; und Vanina folgte, gegen alle Warnungen, welche sie zurückzuhalten suchten, ihrem Gatten nach Marseille, wo er ihr das begangene Verbrechen vor hielt, ihr eine kurze Zeit zur Beruhigung ihrer Seelenangelegenheit verstattete, und dann einem Sklaven befahl, sie zu erdrosseln. Vanina, mit einem Blick, den alle weibliche Hoheit und Würde bewaffneten, wendet sich an den Grausamen, der ihr Gatte war, und jetzt als ein harter Richter vor ihr steht. – »Piedro«, spricht sie, »darfst du mir von solchen unwürdigen Händen den Tod geben lassen?« Piedro ruft den Sklaven zurück, bittet seine Gemahlin um Verzeihung der Schmach, die er, ihr zuzufügen, im Begriff gewesen sei, und – – erdrosselt sie mit eigner Hand. – Herr Hofrat Becker hat in seinen *Darstellungen* diese Geschichte bearbeitet. –

Und Vanina nicht ein Raub der Wut.
Mit dem Rachedurst der Eumeniden[2],
Der sich flammend durch sein Herz ergoß,
Mußt' er's rächen, daß die Gattin Frieden
Mit des Vaterlandes Mördern schloß;
Mußte – denn er höret vor dem Grimme,
Der ihn aufstürmt, keine süße Pflicht,
Höret nicht der Unschuld sanfte Stimme,
Hört den Schrei der zarten Kinder nicht!

Welch' ein Widerstreit der Kräfte,
Der den Willen hier- und dorthin reißt!
Ist es Ebb' und Flut der Nervensäfte?
Ist es Körper oder Geist?
Ist der Mensch ans große Rad gekettet,
Das sich ewig um sich selber kreist?
Was ist unsre Tugend dann? was rettet
Dann die Freiheit unserm Geist?
Tugend! Tugend! deine Kränze pflegend,
Feiert dich das stille Herz so gern;
Aber hin durch diese heitre Gegend
Zieht das Schicksal, wie ein Nebelstern.
Dürfen wir von Freiheit träumen?
Fühlen wir bei jedem Schritte nicht
Unsre Ketten und ihr Lastgewicht?
Heil'ge Stellen selber mußt du räumen,
Wenn gebieterisch das Schicksal spricht.

Mögen wir dem Doppelzwang entfliehen?
Wir sind Kinder der Natur
Und des Schicksals, ihren Phantasien
Hingegebne Kinder sind wir nur.
Sturm von außen, Sturm von innen
Reißt den Menschen aus dem Schoß
Seiner Ruh'; und frevelndes Beginnen
Ist nicht Schuld, es ist sein Los,

---

2 *Eumeniden,* Rachegöttinnen.

Ist der Geist, der – unbekümmert,
Ob das Gute endlich siegt,
Oder ob's ein Rasender zertrümmert –
Durch das weite Leben fliegt.

Rauschen hört der Mensch die dunkle Schwinge,
Die den Ozean der Welt bewegt,
Felsen hebt, und Felsen niederschlägt;
Stürmend reißt ihn fort die Flut der Dinge,
Weiß er, wie? wohin die Flut ihn trägt?
Ihre Welleneile jagt den Weisern,
Wie den Thoren, hin durch Schmerz und Lust.
Hart und drückend, kalt und eisern
Liegt des Schicksals Hand auf unsrer Brust.

Tugend! Tugend! doch soll ich dich feiern!
Eine leise Stimm' im Herzen spricht's.
Ach! wer mag das Rätsel mir entschleiern,
Daß der Mensch hier alles wird und nichts?

Sieh! da steh' ich nun und wanke,
Gleich dem Wandrer, auf beschneiter Bahn;
Und in einem wüsten Ozean
Rudert, ohne Kompaß, mein Gedanke,
Ohne je dem Ufer sich zu nahn:
Und kein Pharus[3] wirft auf so viel Syrten,
So viel Klippen ein willkommnes Licht!
Ach! kein Pharus leuchtet zu den Myrten,
Wo die Freiheit ihre Kränze flicht!

Tugend! Tugend! doch soll ich dich feiern!
Ist's ein Gott, der, hinter dunkeln Schleiern,
Wunderbar zu meinem Herzen spricht?
Brannt' ein Gott dies Feuer ungestillter,

---

3   *Pharus*, ein Leuchtturm, der den Schiffern auf offenem Meere zum Wegweiser und zur Warnung von Syrten, oder Klippen und Sandbänken, dient.

Heißer Sehnsucht tief ins Leben ein?
Werd' ich einst, du heiliger Verhüllter,
Werd' ich freier und dir näher sein? –

Heil'ge Nacht! du führest deine Globen
Still und friedlich durch den Himmelsraum;
Wohnet Licht und Friede nur dort oben?
Ist hienieden alles Traum?
Traumgestalten gleich, dahingeschwunden
Sind, im wilden Kampfe des Gewühls,
Die erhabnen, großen Weihestunden
Unsers zartesten Gefühls.

Hat der edle Sieger welke Kränze,
Hat er Totenkränze nur gepflegt,
Die er, scheidend, an der öden Grenze
Dieses Lebens niederlegt?
Ruhe, dich! dich such' ich, holder Friede!
Suche dein Gestirn am Himmel auf;
Tief im Dunkel, tief verirrt und müde
Schließt dein Pilger seinen Lauf.

Zweiter Gesang

Vorüberfliegend sind die Gestalten der Zeitlichkeit; und ihr fordern wir das Geheimnis der Ewigkeit ab?

Wir sind dem Irrtum unterworfen; doch eben hierin beruht der hohe Rang des Menschen, daß er bestimmt ist, die tiefe Fülle der Erkenntnis zu ahnen, und emporzudringen von Stufe zu Stufe, deren *jede ihren beseligenden Gesichtskreis hat.* Eine solche Beseligung würde er verlieren, wenn er eine der Stufen überspränge: und so hebt sich der Wunsch, die volle Wahrheit zu umfassen, von selbst auf. Wie hoch immer der Mensch sich aufschwingen mag in den Ordnungen der Geisterwelt: auch höhere Geister erschöpfen die Fülle der Erkenntnis nicht. Das Gebiet der Wahrheit ist unendlich: die Beherrschung desselben muß einem unendlichen Geiste zukommen. Der, durch die Selbständigkeit der Vernunft gewonnene, Glaube an Gott ist dem Menschen so unentbehrlich, gehört so sehr zu seinen innersten wesentlichen Bedürfnissen, daß eben diese, in unserm tiefsten Sein gegründete, Unentbehrlichkeit ein höchstes, ein Ursein voraussetzt.

Lebhaft spricht dies höchste Bedürfnis durch die Stimme des Gewissens uns an, in dem Gebiete der Tugend, und äußert sich besonders tief ergreifend in dem Gefühle der Teilnehmung an dem Kampfe des Rechts, und an dem Siege, mit welchem aus den Anfechtungen die sittliche Würde hervorgeht. – Blicken wir in die frühesten Tage der Menschheit zurück: und wir sehen, wie mit dem ersten Erwachen des Bewußtseins in des Menschen Brust der Glaube an ein höchstes Wesen erwachte, den späterhin in bestimmteren Formen das ägyptische Priestertum pflegte. Ohne diesen Glauben – welche Aussicht des Lebens! welches Geschenk der Vernunft! Warum empört es uns, die Tugend leiden zu sehen? Dürfen wir von dem Zufalle Gerechtigkeit erwarten? Von der Naturwelt kann die Anerkennung dessen, was recht ist, nicht gefordert werden. Von einem Gotte ist Herstellung und Ausgleichung zu erwarten. Nur unter dieser Voraussetzung, die sich so unmittelbar, so unwillkürlich uns aufdrängt, die uns so unentbehrlich ist, sind die zufälligen Leiden der Tugend als ihr Triumph anzusehen; und jede Ansicht des Lebens heitert sich auf. Diesem angeborenen geistigen Lebensbedürfnisse, dieser innersten Mahnung, die aus des Bewußtseins heiligster Tiefe herauftönt, schallet aus der, uns umgebenden, Schöpfung die Stimme der Natur entgegen, besonders wenn sie uns zur Betrachtung des gestirnten Himmels emporruft. Ohne den Glauben an Gott gerät die Vernunft mit sich in Widerspruch, und die Erscheinungen der Natur sind leere Träume. Selbst höhere Geister können diesen Glauben nicht entbehren.

Gott

Laß untergehn die wandelnden Gestalten,
Die bunt und irrend durch einander ziehn!
Am innern Leben, Freund, laß sich die Hoffnung halten!
Wir bleiben, die Gestalten fliehn.
Doch sprich, warum beschwören unsre Klagen
Den eilenden Vorüberflug der Zeit,
Vor uns zu stehn und auszusagen
Den Inhalt einer Ewigkeit?

Ins Heiligtum zu schaun, ins Heiligtum der Klarheit:
Der Reiz umzaubert uns; allein
Die Wahrheit darf den Durst nach Wahrheit
Nicht *löschen*, ihn nicht töten; nein,
Entflammen soll sie tief in uns den Geist des Strebens,
Und auf dem Ozean des klippenvollen Lebens
Der ferne Lichtblick eines Pharus sein.

In labyrinthischen Gewirren
Schwankt ungewiß der Mensch dahin:
Und dies, dies ist sein Rang; nur er, der diesen Sinn
Für Recht und Licht empfing, der hohe Mensch kann irren.
Wie aber darf die Blum' im Kranz,
Wie darf sie selbst der Kranz sein wollen?
Genug, auch sie gehöret zu dem Glanz,
In welchem Sonnenstaub und Sonne flutend rollen,
Von einer Kraft erfüllt, die durch das Ganze webt.
Hoch trägt den Menschen diese Wesenfülle,
Um die der Geist der feierlichen Stille,
Wie eine dunkle Weihung, schwebt.

Dank der verborgnen Hand, der unsre Tag' entquillen,
Daß sie das Licht von fern uns ahnen ließ!
Nicht der Besitz, nur das Enthüllen,
Das leise Finden nur ist süß.

Vom Nebelthal hinauf zur reinern Sonnenhelle
Führt uns ein Gang, der jede Lebensstelle
Mit ihrem eignen Himmel ziert.
Gewönn' ein Herz, das eine solche Sphäre,
Solch einen Himmelsraum *verlöre*,
Wohin der Stufengang, von Sein zu Sein, uns führt?

Es sei, daß du einmal durch jene Sonnenferne
Zur Welt des Sirius hinüber flogst:
O, dann verschmähtest du das Heil auf unserm Sterne;
Dann schliefe, was du hier erzogst,
Dann schliefe noch, verhüllt im Kerne,
Der Gartenhain, voll Blumenphantasie,
Voll stiller, süßer Laubenkühle;
Und – was nur dieser Sinnenkreis verlieh,
Die ganze kleine Welt, voll lieblicher Gefühle,
Sie wäre nicht, und würde nie.

Und wie, wenn dir die Wahrheit es vergönnte,
Daß ihren vollen Kreis dein Blick umfassen könnte:
Was würd' es um die Wahrheit sein?
Verdiente sie das Glutgeloder
Des hochentflammten Wunsches? Nein!
Sie ganz zu fassen, müßt' ihr Umfang *kleiner* – oder
Du, Mensch, du müßtest *größer* sein.
Und dies, dies forderst du; allein
Wie groß? das ist die schwere Frage. –
»Hinauf! hinauf! zu eines Engels Glanz!«
Auch dahin folgt dir deine Klage;
Kein Engel faßt die Wahrheit ganz;
Er strebt, wie du, der tiefen Fülle näher,
Und ahnet immer nur von fern den Sonnenthron.
Die Wahrheit weiß von keinem Lieblingssohn;
Auch du bist ihr geliebter Späher;
Und was du wünschest, hast du schon;
Hast einen dunkeln Tag, voll Bürgschaft hellrer Tage;
Die spricht ein holdes Wort zur Wehmut deiner Klage:
Nur diese Bürgschaft macht das Leben lebenswert;

Sie schmiegt sich an die Ruh' des stillen Tugendkreises,
Der, tief in seinem Schoß, ein leises
Vollendungsahnen heilig nährt.

Schau hin! dort liegt das All, wie eine reiche Dichtung.
Vollendung nirgend, reges Wandeln nur
Durch die, mit Welten übersäte, Flur.
Vollendung *unsers* Seins, was wäre sie? Vernichtung!
Sich selbst erschöpft erschöpfender Genuß!
Vom Tode rettet ihn auch nicht der Überfluß.

So flögst du dann umsonst von einer Sonnenwende
Bis zu der andern, vom Nadir[1]
Bis zum Zenith hinauf: o Freund, dein Auge fände
Nur immer größer das Gewirr,
Und immer weiter hin und weiter hin das Ende,
Jedoch das Lösungswort des großen Rätsels nie!

Wer mag das große Buch des Weltenraums entsiegeln?
Vor welchem Geist erscheint die Wahrheit klar und rein? –
Von dem sie ausgeht, Freund, wie Weltensonnenschein;
In einem höchsten Schaun muß sich die Wahrheit spiegeln;
Enthüllt erscheinet sie vor einem höchsten Sein.
Ein Ursein ist, worin sich alles Sein entfaltet,
Aus einem Ursein tritt gestaltet
Ein jedes Sein hervor in das Gebiet der Zeit:
Dies Ursein nennst du Gott: er waltete und waltet
In Lieb' und Recht, in Licht und Herrlichkeit. –
»In Liebe, Licht und Recht?« – so fragt die düstre Klage –
»Wer«, ruft sie aus, »wer mag, Verzweiflung, dir entfliehn?
Gebieten Lieb' und Recht, daß thränenvolle Tage
Zerstörend hin durch unsre Hütten ziehn?«

---

1   *Zenith* und *Nadir*, zwei Punkte an der Hohlkugel des, uns umgebenden, Himmels. Zenith ist der Punkt gerade über unserm Haupte; Nadir der Punkt gerade unter uns, an der Seite des Himmels, welche die entgegengesetzte Hälfte der Erdkugel umgiebt.

»Es ist kein Gott!« – Mit tausend Übeln ringend,
Stürzt der gequälte Mensch ins öde Nichts hinab;
Und schweigend fliegt die Zeit, sich auf und nieder schwingend,
Hin über ein weit aufgeworfnes Grab!
»Es ist kein Gott!« so schrein aus dumpfen Hallen
Des Jammers Klagen auf, und schallen
Durch das Gewölbe der Natur. –
Es tönt mir nach von der verheerten Flur!
Da zog das Unheil hin um eingestürzte Hütten!
Und durch das Leben ging der große Meuchelmord!
Allgegenwärtig hier und dort,
Flog eine Furie, Verderben auszuschütten!
Das Heiligste verhöhnte wilder Spott! –
O Harmonie der Welten! ist ein Gott?
Ist ein Gericht, und darf's der Frevel so verhöhnen? –
Da scholl es, wie ein Ruf, zu meinen Klagetönen:
»Still! rechte nicht! der Eingeschränktheit Sohn
Wird nur berührt vom nachbarlichen Ton;
Das Ganze wird das Einzelne versöhnen.«
»Was ist das Ganze?« fragt das tief zerrißne Herz,
»Ich kenn' es nicht, ich bin von seinem Schutz verlassen!«
Und *auf* zum Himmel blickt der starre Schmerz,
Den Gott des Rechtes will er fassen. –
Ach! führet denn kein Laut im Menschen auf die Spur,
Den Heiligen zu glauben, ihn zu ahnen?
Kein Wink in der uns rings umwaltenden Natur,
Um unserm Blick den Weg hinauf zu ihm zu bahnen?

Wahr ist es, unser Blick erreicht ihn nie.
Die sinnende Vernunft verlanget Offenbarung;
Sie schwingt sich forschend auf, und forschend wandelt sie
Durchs offene Gebiet der schweigenden Erfahrung.
Sie fragt die Möglichkeit; die Antwort ist: »Vielleicht.«
»Ach! nur vielleicht!« Sie fragt das Leben,
Sie fragt den Tod, der um das Leben schleicht;
Und keins vermag, die Antwort ihr zu geben,
Vor der die Nacht der Zweifel sich erhellt.

So laß uns denn zur Tugend fliehen!
Sie offenbart uns eine Geisterwelt,
Die Welt der Kraft, die Welt der Lebensharmonien,
Die fern ein höchstes *Sein* uns vor die Seele stellt.
Wir würden nie die Dunkelheit verklagen,
Die uns umgiebt, verriete nicht
Den Schatten unsrer Nacht ein Licht,
Das, hinter diesen Erdentagen,
Wie durch zerrißne Wolken bricht.

Ein Strahl von diesem Licht fällt in das innre Leben;
Mir ist ein Gott ins Herz gegeben,
Ein Ahnungssinn, der meinen Geist
Unwiderstehlich hin nach jener Höhe reißt,
Dahin, wo wandellos, in unerschaffner Fülle,
Die Wahrheit wohnen muß, ein ewig fester Wille:
Und dieser Will' ist Gott, der hohe Weltengeist.
Begreiflich nur sich selbst, sich selbst erscheinend, waltet
Sein Wille dort in einem reinen Licht,
In welchem sich vor ihm die Geisterwelt entfaltet.

Was heilig ist, das Wort von *Pflicht* und *Recht*, ist nicht
Im Buche der Natur zu lesen.
Ein feierlicher Ruf des innern Menschen spricht:
»Sohn der Natur, du bist ein Sohn der Pflicht!«
Vor diesem Rufe beugt sich tief mein ganzes Wesen;
Gott ist es, der durch ihn zu meinem Geiste spricht.

Ob auch die Lebensbahn im Nebelmeer verschwimme:
Gesichert leitet uns das Wort der innern Stimme.
Sie ruft empor den Geistesblick,
Empor von den befangnen Sinnen;
Sie tönet laut in uns von innen
Hinaus in die Natur, und hallt aus ihr zurück.

Was weint in uns, wenn still und rührend
Die Unschuld kämpft mit Mangel, Hohn und Spott?
Was jauchzt in uns, wenn triumphierend

Die Tugend siegt? – Der Glaub' an Gott!
Was spricht, wie Geisterruf, zum Harme?
Was wirft den Zweifler selbst, wenn ihn kein Trost mehr hält,
Wenn er schon aus dem Arm der letzten Hoffnung fällt,
Dem Aberglauben in die Arme?
Der Glaub' an Gott und an die Geisterwelt:
Der Aberglaube selber ist ein Schatten,
Den innre Wahrheit auf das Leben warf;
Er borgt von ihr die Kraft, den Frieden zu erstatten,
Den unvertilgbar das Gemüt bedarf.

Laß unsern Blick in jenes Morgengrauen
Der frühern Welt hinüberschauen:
Da finden wir sie schon, des Glaubens leise Spur;
Da trägt so mütterlich, so zart, wie das Erbarmen,
Die holde, pflegende Natur
Die junge Menschheit auf den Armen;
Ihr Zögling schaut umher auf der geschmückten Flur:
Wer hat die Kränze dort und hier ihm aufgehangen? –
Und betend streckt er seine Hand
Nach der Natur, die mild ihm zugewandt,
Mit Mutterlächeln auf den Wangen,
Von frischer Blumenluft umweht
An seinem Wiegenlager steht,
Wo sie in duftig grünen Hallen
Ein Paradies ihm schuf, ein reiches Paradies,
Und abends ihn von ihren Nachtigallen
In weichen Schlummer singen ließ.
Ihn weckt der Tag; und mit der Morgensonne
Erwacht in ihm die stille Seelenwonne,
Die freudig Gottes Licht erkennt,
Und ohne Namen ihm das hohe Wesen nennt.

Dem Menschen ist, zur Pilgerschaft durchs Leben,
Ein Gottgefühl, ein Ruf des Glaubens mitgegeben,
Der, wo er schrecklich ihn auch mißverstand,
Doch nie und nirgend ganz aus seinem Busen schwand.
Der Glaube war's, der laut das Taggestirn begrüßte:

Schau Isis' Priester dort, wie betend er sich weiht!
Die Sonne kommt, sie tritt aus ihrer heil'gen Wüste: –
Ja, das ist Gottes Herrlichkeit!
Das Höchste hat dem Seher sich verkündet,
Das Heiligste, wonach die Seele ringt.
Horch! sein Gesang, vom Gottgefühl entzündet,
Wie Feuer bricht er aus; der Hymnen Chorus singt:

»In Flammen naht sich Gott. Empfangt ihn, Morgentöne!
Fall' an sein Herz, Natur, mit einem Wonnelaut!
Auf! schmücke dich mit deiner ganzen Schöne,
Du, seine hochbegabte Braut!

Sie strömt auf dich herab, die königliche Feier,
Die hochzeitfestlich deinen Gott umfängt!
Verhülle dich in den Vermählungsschleier,
Der strahlenreich von seinen Schultern hängt!

Ruf' ihm entgegen! Dort durch leuchtende Gefilde
Des blauen Äthers wandelt er.
Schau! Wie das Licht von seinem Flammenschilde,
So geht Entzücken vor ihm her.

Die Himmel, die in seinem Glanze schwimmen,
Umfeiern seinen wundervollen Gang.
Ihr Morgenlüfte, werdet Stimmen!
Ihr Bäum' und Bäche, Harfenklang!« –

So, Freund, begeisterte der Glaube die Altäre
Des dunkeln Heiligtums am Nil der alten Welt.
Und, o wie tröstend spricht sein Wort zur frommen Zähre,
Die von der Tugend Wange fällt!

Es sei kein Gott, die Tugend ein verhaßter,
Ein öder Lebenszwang, der jede Freud' entwürzt;
Ein Himmel sei die Lust, der Gott darin das Laster;
Die Menschenwürde sei von ihrem Thron gestürzt:
O! dann ist nirgend Licht und Leben,

Der Mensch ein dumpfes Sein, um das Phantome schweben,
Und Schatten fahren wild durch stumme Wüsten hin.
Es herrscht ein blindes Heer zerstörender Gewalten,
Das große Traumgesicht der Welt ist ohne Sinn,
Und zwecklos wogt in uns ein Chaos von Gestalten,
Und was Bedeutung lügt, täuscht zur Vernichtung hin.
Es rast in uns ein Trieb, der Trieb, emporzuringen,
Dem sich das Herz doch nicht entretten kann;
Und Wahnsinn ist es, sich der Tugend aufzudringen;
Das Streben der Vernunft, den Knoten zu entschlingen,
Ist Thorheit! Thorheit *klagt* und *staunt* den Zufall an.

So hat das Göttliche des Menschen keine Rechte,
Dem Rechte sich zu nahn? ihm gläubig zu vertraun?
Ist, was uns himmlisch dünkt, von irdischem Geschlechte?
Sind wir der Not, sind wir des Zufalls Knechte?
Ach! immer dunkler wälzt das Graun
Herauf die schwarzen Mitternächte,
Die unsern heil'gen Stern, den Thron
Des Rechtes, zu verschlingen drohn.
Allein dies Graun, dies Widerstreben,
Dem Zufall sich dahinzugeben,
Erschüttert deinen Geist, wenn dich ein Mißklang irrt,
Um dein Gemüt empor zu einem Gott zu heben,
Der einst das Recht versöhnen wird.

Du siehst: das Laster schwelgt bei lauten Jubelchören,
Die Tugend darbt, die Unschuld wird verkannt,
Der Frechheit folgt das Glück, die Wahrheit wird verbannt,
Die Weisen baun am Heil, daß Narren es zerstören!
Hier ist es, wo dein Herz auflodernd sich empört! –
Vernunftlos, wie er ist, wie mag er dich empören,
Der Zufall, der da wild den Gang des Rechtes stört?
Verklagst du so die Blindheit eines Blinden?
Doch nein! du kannst dich hier dem Glauben nicht entwinden:
Daß einer Welt des Rechts die Tugend angehört,
Die hier im Drang der Welt sich göttlich frei entfaltet.
Ja, mächtig, wie ein Lebenstrieb,

Hält dich der Glaube fest: daß eine Gottheit waltet,
Die ihren Namen tief ins Herz der Tugend schrieb.
Uns ward ein Sinn des Rechts, und Trieb nach Lebenswonne;
Und dieser Doppelstrahl, der in dies Dasein fällt,
Verleugnet nicht die ferne Sonne,
Die einen höhern Kreis erhellt.

Es ist ein Gott! und sieh! die Nebel sind zerflossen
Vor diesem Sonnenstrahl; ein großer Lebenstag,
Ein Auferstehungstag ist ausgegossen,
Wo dumpfe Mitternacht, voll Todesgeister, lag.
O, Mensch! vermisse diesen Glauben,
Und fühle, was dein Heiligstes vermißt!
Du würdest die Vernunft selbst ihres Lichts berauben:
Gott ist, weil eine Tugend ist!
Vernimm ihr leises Wort! es wird an Hehra mahnen;
Und selbst ihr seufzendes *Warum*
Ist nur ein ernstes Himmelsahnen:
Ihr ist die Mitternacht nicht stumm.

Die Tugend leitet uns, wo irre Träume grübeln;
Sie führt uns durch dieses Labyrinth,
Das uns mit täuschenden Geweben überspinnt;
Sie zeugt von Gott, trotz allen Erdenübeln,
Die nur Triumphgepräng' in ihrem Zuge sind.
Und Heil und Heiligkeit sind zwo verwandte Flammen;
Sie flammen hoch durch das Gebiet der Zeit,
Und neigen ewig sich durch die Unendlichkeit,
Und fallen dort in Einen Geist zusammen;
Und dieser Geist ist *Gott*, kann Gott nur sein.
Kein Endlicher mag sich zu dieser Höh' erheben;
Die höchste Seligkeit, das reinste Geistesleben
Sind in sich, *durch* sich Eins: Gott fasset sie allein.

Das wär' ein Wahn, ein Traum, was ich so warm umfasse?
Was vor dem Geiste sich so dunkelhell enthüllt?
Was meinen reinsten Sinn so rein, so tief erfüllt? –
Nein, jenes Weltall ist die große Körpermasse,

Wohinter eine Welt der Geister sich verhüllt.
Und diese Geisterwelt ist die erhabne Seele,
Der Sinn des großen Alls, voll Gott und Götterart;
Was göttlich ist, gehört zu dieser großen Seele,
Die sich dem stillen Sinn der Ahnung offenbart.
Du kannst dich dieser Ahnung nicht berauben;
Dein Zweifel selbst verrät dir ihre leise Spur;
Sie spricht durch die Natur zum Glauben,
Der Glaube spricht von ihr zu der Natur.

Ja, die Natur! magst du sie selbst empfinden?
Du trägst in dir ein Bild von einer Körperwelt;
Dies Bild empfindest du, nicht was sie selbst enthält;
Doch ohn' ihr *Sein* und *Wesen* zu ergründen,
Zu fassen, *wie sie* ist: du glaubst an ihre Welt.
Da, wo die Morgensterne schweben,
Da spricht dein großes Sein, Unendlichkeit, uns an,
Ein Reich der Herrlichkeit, das ist, und nicht begann.
Ist denn die Geisterwelt entfernter unserm Leben?
In uns fängt sich *für uns* das Reich der Geister an.
Der höchste Geist ist Gott, und du wirst seiner inne,
Wenn tief der reine Sinn der Tugend dich entzückt.
Hier ist sein Heiligtum, und dort im Reich der Sinne
Ist er durch Weltnatur und Weisheit ausgedrückt.

Den Hohen, Tiefverborgnen schleiert
Die Nacht in ihr geweihtes Dunkel ein.
Der offne Tag, die Luft, voll Lerchenstimmen, feiert
Sein großes, wunderbares Sein.
Und eifernd predigt ihn die hehre Wolkenstimme,
Die von den Wölbungen des Himmels niederschallt;
Von ihm begeistert, rauscht der Wald;
Von Gott erzählt die Luft, die an des Baches Krümme
Hinunter spielt, und leis' um Angerblumen girrt.
Ihn zu verkünden, hat der Wurm auch eine Stimme,
Der kleine Wanderer dort, der durch den Mooswald irrt.
Wo Hehra feierte, dort in den Heiligtumen
Des Felsenthals, vernimm das stille Wort der Au'n!

Dort lies – sie spricht von Gott – die heil'ge Schrift der Blumen!
Er wandelt in des Haines Graun,
Und kündet sich mit weihevollem Schauer
Dem Zweifler an, der durch die Wildnis klagt,
Und jeden Halm im Thale seiner Trauer
Nach einer Gottheit dieses Tempels fragt.
Doch er vernimmt noch nicht, was ihm die Blume sagt.
An seinem Herzen ging, mit wildem Grimme,
Der Tod vorbei, und riß, mit kaltem Spott,
Ein teures Leben weg; und eine dumpfe Stimme
Der Wüste seufzet auf: »Verhängnis, bist du Gott?« – –

Freund, es ist Nacht. Die dunkeln Lebensspuren
Behorcht die stille Luft; das Haingeflüster nur
Erzählt des Tages Ruh' dem Hirtenthal der Flur.
Dort oben ziehen leuchtende Naturen
Hin über die verschattete Natur.
Das Leben träumt; schon feiert tiefe Stille
Das glänzende Gedankenfest,
Wo sich die Wahrheit gern, in ihrer keuschen Hülle,
Den Huldigungen überläßt,
Die sich vor ihrer Gottheit neigen;
Und ein geheimnisvolles Schweigen
Beherrscht und weihet unser Fest.
Es weihet den Triumph der hehren Sternenfeier;
Und sie, mit ihrer Ruh' und ihrem Silberkranz,
Die Nacht, die heilige, entfaltet ihren Schleier,
Und läßt ihn über diesen Glanz
Und diesen Pomp vom Thron der Gottheit niederwallen.
Sie, die Unendlichkeit, reißt ihre Tempelhallen
Zum Gottesdienst der Welten auf.
O schau! wie Zug an Zug sich dränget!
So groß, und doch so still! Ein Geist er Stille hänget
In diesem Tempelraum die Flammenkronen auf!
Ein Geist der Stille führt den wunderbaren Reigen,
Dies wandelnde, dies weite Labyrinth.
Sieh doch den Aufwand! sieh die Zeugen,
Vor welchen unser Fest beginnt!

Erhabne Nacht, laß deine Strahlen schimmern!
Führ' alle deine Sonnen auf!
Das Irdische vollendet seinen Lauf;
Es richtet an den wüsten Trümmern
Der eingesunknen Zeit die Ewigkeit sich auf.
Vor allen sei Orion[2] eingeladen!
Er prang' einher in seinem Weltenchor!
Dort schauen selbst die traurigen Hyaden[3],
Aus ihrem düstern Nebelflor,
In stiller Heiterkeit hervor.
Es heben sich der lieblichen Plejaden
Bekränzte Häupter schön empor.
Dort ruht der Schwan[4]; und leise Töne gleiten
Um seine Silberbrust, wie ein Gesang der Zeit,
Der still und still verhallt; er ruht auf Dunkelheiten,
Wie eine glänzende Unsterblichkeit.
Da schwimmt der Halbmond hin, und Ätherlüste fächeln
Um seine goldne Stirn, von Dämmrung sanft umgraut.
Er ist in diesem Ernst das schöne, stille Lächeln,
Womit die Nacht sich selbst in ihrer Hoheit schaut.
O! laß die Erd' in ihrer Wolkenhülle,
Mit ihrem kleinen Stolz und ihrem niedern Ruhm!
Auf! folge mir zu jener Weltenfülle!
Dort öffnet uns ein Gott ein tiefes Heiligtum.
Da laß mich dir die Stellen zeigen,
Wo die Unendlichkeit zu meinem Geiste sprach,
Und ein erhabnes Fest, umglänzt von Sphärenreigen,
Hervor aus tausend Morgenröten brach

---

2   *Orion* ist daß schönste, glänzendste Gestirn des ganzen Himmels und steht unter den südlichen Sternbildern.

3   Die *Hyaden* und das sogenannte Siebengestirn, die *Plejaden*, befinden sich am südlichen Himmel im Sternbilde des Stiers; jene vorn am Kopfe, diese am Rücken desselben. Die ersten werden die Regensterne genannt.

4   Der *Schwan*, ein nördliches Sternbild, neben der Leier, in der Milchstraße.

Ich war dem Tropfen Gegenwart entronnen,
Und offen lag vor meinem Geiste nun
Der Lebensozean, an dessen Ufer Sonnen,
Wie ausgeworfne Kiesel, ruhn.
Die Milchbahn[5] streckte weit, durch unermeßne Fluren,
Die tausend Arme wundervoll hinaus.
Dort drückte seine hellen Spuren
Verweilender das Wandeln Gottes aus
Da blitzten, wie von Götteridealen,
Unsterbliche Gedankenstrahlen
In meinem tiefsten Leben auf.
Verklärter schwebten Monde hin und Erden;
Aus Schattenhallen gingen sie herauf;
Zu Morgensternen sah ich Abendsterne werden;
Die Schatten blühten selbst zu Lichtgestalten auf.
Gestirne zogen dort in weit entfernten Gleisen;
Sie drangen bleich herauf mit ihren Nebelau'n,
Wie Geister, die aus öden Lebenskreisen
Nach einer hellern Sonne schau'n.
Sanft dämmerte das Licht der Dioskuren[6],
Halb überschattet, halb erhellt,
Gleich den, im Menschen tief verschlungenen, Naturen
Der Lichtwelt und der Schattenwelt.

5   Die *Milchstraße* ist der merkwürdige, lichte Kreisbogen, der sich durch den Himmel zieht, und in mehrere, blässere und hellere Streifen teilt. Sie enthält eine Unermeßlichkeit von Sonnenwelten.

6   *Dioskuren*, Söhne Jupiters, Kastor und Pollux, ein Gestirn des östlichen Himmels. – Die Fabel erzählt von diesen beiden, aus den Eiern der Leda entsprungenen Brüdern, Kastor sei sterblich, Pollux aber, vom Jupiter abstammend, unsterblich gewesen. Kastor fiel in einem Zweikampfe. Pollux trauerte über den Verlust dieses innigst geliebten Bruders, und bat den Jupiter, ihm selber das unsterbliche Leben zu nehmen, oder zu vergönnen, daß er mit seinem geliebten Bruder die Unsterblichkeit teilen möge. Jupiter gewährte die Bitte. Beide wurden unter die Sterne versetz, und genossen das Los der Lichtwelt und der Schattenwelt gemeinschaftlich.

Ich sah den Strahlenkranz im Haar der Jungfrau[7] schweben;
Sie trat hervor, die reiche Himmelsbraut,
Mit glänzendem Gefolg umgeben.
Die Lyra[8] tönte sanft, wie Äolsharfenlaut;
Die Ätherstille ging in Harmonien über.
Es wehten Lieder von der Flur
Des festlichen Arkturs[9] herüber;
Und rötlich blinkte der Arktur,
Als wär' er überblüht mit lauter Rosenkronen.
Hier ist es, wo, im Schoß der lieblichsten Natur,
Die Sympathien der schönen Seelen wohnen.
Doch zitterte, halb Licht, ein Sterngewölk[10] empor.
Es wand aus fernen, düstern Räumen
Sich, wie ein Auferstehungstag, hervor,
Der kaum erwacht aus dunkeln Lebensträumen.
Nun stürzte Sirius[11] sich in die Huldigung
Der Feiernacht, wie eine hehre,
Auflodernde Begeisterung,
Mit seiner ganzen Glut, mit seinem Flammenmeere.
In tiefen Nächten schwamm der ferne Uranus[12],
Den seine Monde kalt erhellten,
Weit hinterm Jupiter und allen Sonnenwelten,
Und doch mit Herrlichkeit und vollem Überfluß
Von Lebenskräften ausgestattet.

7 *Die Jungfrau.* Dies Gestirn des nördlichen Himmels ist eins der größten und schönsten im Tierkreise.

8 *Lyra,* ein nördliches Sternbild.

9 *Arktur,* ein Fixstern des nördlichen Himmels, im Bootes, dem sogenannten Bärenführer. Er glänzt in einem hellen, rötlichen Lichte.

10 *Das Sterngewölk.* Die große und die kleine Wolke sind zwei Haufen kleiner, fast wie ein lichtes Nebelgewölk erscheinender Sterne. Sie befinden sich in der Nähe des Südpols.

11 *Der Sirius,* ein lebhaft funkelnder Fixstern. Er ist der glänzendste Stern am ganzen Himmel, und befindet sich an der südlichen Himmelsseite im Sternbilde des großen Hundes.

12 *Uranus* ist ein, zu unserm Sonnensystem gehöriger, neuerlich entdeckter Planet. Er ist 400 Millionen Meilen von der Sonne entfernt.

Und näher säuselte der Hain,
Der meine Venus[13] überschattet,
Dies liebliche Gestirn. Da wehn die Lüfte rein
Den Quell des Lebens an, der unter Myrtendecken,
Voll Harmonie, den Durst der heißern Sehnsucht löscht,
Und selig alle dunklern Flecken
Hinweg von guten Seelen wäscht.
Die Erde zog dahin mit ihren Grüften;
Aus jeder frischen Gruft schlug eine Flamm' empor,
Die in den reinsten Ätherdüften
Des weiten Lebens sich verlor. –

So schwang mein Geist sich auf zum Gottesdienst der Sphären.
Und dieser Gottesdienst verkündet keinen Gott? –
Bei jenen flammenden Altären
Im Tempel der Natur! hier ist, hier herrscht ein Gott!
Sein Odem ist die Kraft der ewigen Gewalten,
Das Leben dieses Raums, die Seele der Gestalten!
Dort betet die Vernunft: »Erhabener, *du bist*,
Bist nahe dem beseelten Staube! –
Ja, wenn den Heiligen die Grübelei vermißt:
Dort findet ahnend ihn der Glaube,
Der die Vernunft der Tugend ist.«

Es sei kein Gott: und tot sind diese Himmelsflamen;
Sie haben hin durch deine Nacht geblitzt;
Und Trümmer baun den wüsten Thron zusammen,
Auf welchem einsam nur und stumm der Tod noch sitzt.
Es sei kein Gott, von dem die Welten stammen;
Im Schoß des Zufalls ist der Lichttag aufgewacht:
Der weise Zufall rief, in aller ihrer Pracht,
Die tausend Sonnen hin in diese Glanzgefilde,
Damit aus tausend Sonnen – *eine* Nacht,
Des Nichtseins große Nacht, sich bilde.

13 *Venus*, ein bekannter Planet unseres Sonnensystems, der uns nur selten ganz erleuchtet erscheint, und durch Fernröhre gewöhnlich sichelförmig am westlichen Himmel gesehen wird.

Und die Natur, die holde Pflegerin,
Auf deren Schoß wir einst in Schlummer fallen,
Sie fragt umsonst: Woher? Wohin? – –
Nein, Gottes Finger schrieb an diese Ätherhallen
Mit heller Flammenschrift: *Ich bin!*
Dies ist die Schrift, an die auch Engel glauben.
Wie weit der Kreis auch sei, den Engel überschaun:
Sie haben weiter noch zu glauben.
Darfst du dem Zweifel mehr, als einer Welt vertraun?

Laß vor den Wundern dieser offnen Hallen,
In heil'ger Ruhe laß uns niederfallen!
Anbeten, tief anbeten laß uns ihn!
Die Stufe seines Throns, die Erde, wo wir knien,
Umschwebt die Nacht mit ihren Schauern;
Und sie ergreifen uns, wie das erhabne Trauern
Der Sehnsucht: heiliger ihn anzubeten, ihn,
Den Weltengeist, der, sich zum Wurme neigend,
Den Wurm, wie seine Welten, zählt,
Den Unerschaffenen, den jede Schöpfung schweigend
Dem Herzen nennet, dem er fehlt.

So find' ihn dann im großen Weltenstrome,
Wo Schöpfung sich an Schöpfung knüpft,
Und im lebendigen Atome,
Der, kaum gesehn, im Lichtstrahl hüpft!
Ein Gott bevölkerte die unermeßnen Weiten
Mit Geistern, angestrahlt von seiner Göttlichkeit.
Vor ihm ist keine Zeit, uns gab er Raum und Zeiten;
Er wandelt still dahin durch seine Ewigkeiten:
Sein großer Schatten fällt durch das Gebiet der Zeit.

Vernimm sein unbeschränktes Walten:
Gedanken Gottes sind die hehren Weltgestalten;
An seiner Kraft und Herrlichkeit
Entbrannten jene Sonnenflammen,
Ihr Lichtquell fort und fort ist Gott,
Durch ihn und in ihm hält der Weltenbund zusammen:

Die große Welteinheit ist Gott!
Doch zeugt dein Leben mehr, als alle Huldigungen
Der ewigen Natur, von Gott!
O! glaub' es dir, und den Versicherungen
Der Welten dort: es ist ein Gott!
Ja, glaub' es dir, der innern stillern Mahnung!
In dir, in dir, da spricht ein tiefes Wort der Ahnung
Zu deinem Geist: es ist ein Gott!

So steht der Mensch in dieser Tempelrunde
Der Schöpfung da, und trägt ein hohes Priestertum,
Umringt von Gottes heil'ger Kunde,
Von seines großen Namens Ruhm. –
Doch still! – nichts Menschliche von Gott wag' auszusagen!
Laß demutsvoll an unsre Brust uns schlagen,
Und sprechen: Gott ist Gott – und groß, und klein
Ist nur der Mensch in Thun und Sein!

Sei dann mit Dunkelheit des Pilgers Pfad umschleiert!
Natur und Tugend, hin zur Gottheit führen sie.
Der Tugend öffnet sich das Reich der Harmonie;
Gott ist das hohe Lied des Tempels, wo sie feiert,
Und die Natur die Melodie!

Es ist ein Gott! Der Tugend verbürgendes Leben
Verkündet ihn; sie wäre nicht, wäre kein Gott.
Ihr ist das Wort der innigsten Weihe gegeben;
Sie spricht es aus: Es ist ein Gott!

Sie zeuget laut, sie ruft es hinaus in die Ferne,
Hinaus, in die, mit Welten umblühete, Flur.
Es ist ein Gott! antworten die ewigen Sterne
Durch das Gewölbe der Natur.

Der stille Geist, der innerste, seligste Friede
Vertraut dem Hain das hohe Geheimnis von Gott;
Und leise spricht, im flötenden Nachtigallliede,
Der Hain es nach: Es ist ein Gott!

Der Erde Druck, die heiligen Übel des Lebens
Erhöhn den Geist, erheben die Seele zu Gott.
Die Tugend kämpft, und fordert den Sieg nicht vergebens;
Sie triumphiert: Es ist ein Gott!   291

Dritter Gesang

Lebenssinn, Durst nach Glückseligkeit, und Wahrheitstrieb sind die leisen Ahnungen unserer Fortdauer.

Ausgestattet ist der Mensch mit einem, weit über dies Dasein hinausreichenden, Lebenstriebe, der ihn, Befriedigung suchend, durch Gefahren hinreißt; und immer ist ein entferntes Dort, woran seine Erwartungen hängen.

Die höchste Anstrengung seiner Thätigkeitskraft und die Unzufriedenheit, selbst im Besitze des reichhaltigsten Daseins, bezieht sich auf Lebenserweiterung, für welche kein Opfer ihm zu groß ist. Ja, er verschmäht es nicht, das Schattenleben eines Totenmahles in seine Phantasie aufzunehmen. Sein Wahn, seine Thorheiten sind verzerrte Schattenbilder dieser Sehnsucht, deren Ansprüche selbst die Vernunft vertritt.

Ebenso über die Grenze dieses Daseins hinausgreifend ist das Ringen des Menschen nach Glückseligkeit. Er fühlt tief, daß er sie bedarf, und daß sie ihm mangelt. Daher seine Unbeständigkeit. Vergebens sucht er überall den Himmel seines Herzens auf. Es häufe sich um ihn der Überfluß aller Lebensgüter: er besitzt die Glückseligkeit nicht. Aus der Unendlichkeit strahlt sie herab, wie das Leuchten der Wahrheit.

Dieses Leuchten der Wahrheit endlich, dieser Reiz der Erkenntnis reget den Forschertrieb auf; er erhebet sich, und steht vor einer unerschöpflichen Fülle. Der Eintritt in das Gebiet der Unermeßlichkeit ist schon hier ihm eröffnet, und läßt ein ewig fortschreitendes Leben der Erkenntnis ihn ahnen. Welch ein bedeutender Fortschritt der gesamten Menschheit ist es, der sich zwischen der rohen Menschennatur und der feinen Griechenkultur wahrnehmen läßt! Die Weisen der Vorzeit sind Morgensterne eines heraufdämmernden Tages; und jeder tiefere Blick in das Heiligtum der Wahrheit ist ein aufgehendes Morgenrot, welches der lichtvolleren Zukunft vorausgeht. Der Genius der Zukunft tritt in den Stunden der Einsamkeit tröstend vor die Seele; und wie aus fernem Nebel dämmert das Land unsrer Hoffnung empor.

Leben. Glückseligkeit. Wahrheit

Es ist ein Gott! O Freund, der heilige Gedanke
Durchstrahlt die Nacht, und drängt durch Zweifel sich hervor,
Erhöht, vergöttlicht uns, durchbricht die enge Schranke
Der Sinnlichkeit, und hebt uns über uns empor.
Es ist ein Gott! Kometen rollen
Mit Lebenskräften, ihm entquollen,
In die Unendlichkeit hinaus.
Auf sie, die seinem Blick nicht näher schweben,
Als du ihm wandelst, gießt er Leben
Und Licht in vollen Strömen aus!
Gießt Trieb und Kräfte, fort zu streben,
Beseelend in die Wüstenei,
In die Unendlichkeit der großen Weltenferne. –
Doch warum fragen wir die Sterne,
Ob Gott ein Gott des Lebens sei?
Der Boden, wo du wandelst, schüttert
Von Lebenskraft; auf jedem Strahl,
Mit jedem Hauch des Frühlings zittert
Ein junges Leben in dein Thal.

Welch' Leben schwärmt und säuselt durch die Aue!
Welch' Leben nährt das Moos, der Halm, das junge Laub!
Welch' Leben schwimmt im Schoß der Wolk' und hier im Taue!
Das Mückenheer am Teich – es ist belebter Staub!
Horch hin! und nirgends ist so tot die tiefste Stille,
Es wehet leis' in ihr ein Atemzug empor.
Und hoch aus dieser Flut der großen Lebensfülle
Ragt, wie das Haupt, der Mensch hervor;
Der Mensch, ein Sohn des Staubs, und über Staub erhaben!
Schau! wie zum Engel sich das zarte Mädchen schmückt!
Ein junger Gott blüht auf im wilden Knaben;
Es ist der Mensch, der auf zur Götterhoheit blickt.
Er mißt den Stufengang, tief unter sich hinunter;
Er ahnt den Stufengang, hoch über sich hinauf.
Und dieser Mensch geht dennoch unter?

293 In wenig Erd' und Tau löst sich der Denker auf?
Der hohe Mensch, der dasteht, und den Lauf
Der Wesenflut umforscht, ist selbst nur eine Welle,
Die, nichtig selbst, aus dieser Flut entquoll,
Und wegsinkt, wenn in ihre Stelle
Die nächste Wallung folgen soll? –

Ist diese grenzenlose Fülle,
Die einen Strom von Sonnenwelten leicht,
Wie Funken, in die dunkle Stille
Hinunter schimmern läßt, ist diese Flut zu seicht,
Ein Menschenleben zu erhalten,
Das jammernd dort am Ufer ringt,
Und, unter drängenden Naturgewalten,
Die Arme zitternd noch ums holde Dasein schlingt?
Was ist es, daß der Mensch so stark, so unerschüttert
Sein Dasein liebt und lieben muß,
Und daß er, wenn er dort erhöhten Selbstgenuß
Von ferne sieht, durch grause Tode zittert,
Und wild in die Gefahr sich wirft?
Er sucht die Ruh', und flieht die stillern Lebensstellen.
Was ist es, daß er tief aus seinen reichsten Quellen
Nur Durst und heißre Sehnsucht schlürft?

Mag ihn die Brandung halb verschlingen:
Noch lüstern schauet er ins wilde Meer hinab;
Er findet mit dem Schmerz sich ab;
Er wagt das Leben hin, um Leben zu erringen.
Und immer ist zu klein der Raum, den er erstritt;
Und immer hört er noch entfernte Götterstimmen;
Ins weitere Dasein will sein Wahn hinüber schwimmen,
Und überall nimmt er das enge Dasein mit.
Er schifft am Wolkensaum, ergreift den Blitz am Flügel,
Und wirft ihn neben sich darnieder in den Staub.
Was hoch steht, ist sein Ziel, das Niedre wird sein Raub;
Er sprengt sie auf, der Erde Felsenriegel,
Behorcht den leisen Gang, belauscht die tiefe Spur
Der heimlich waltenden und schaffenden Natur.

Er wirft ihn ab, den engen Zügel
Der Wirklichkeit, die ihn gefangen hält;
Selbstthätig schafft er eine Welt,
Die Welt der freien Kraft, die in den Spiegel
Der Phantasie aus seinem Innern fällt.
Und in der Schöpfung der Homere
Begeistert ihn der Glanz des eignen Göttertums;
Mit Platons Genius erfliegt er Sphär' auf Sphäre;
Sein ist die Erbschaft ihres Ruhms! –

So reich! und immer ist mit seinem Geist kein Friede!
Und ewig ohne Ruh', als ob er ewig schiede,
Durchfliegt er jeden Kreis der Lebensthätigkeit,
Und überflöge gern den raschen Flug der Zeit.
Dort hinter allen Sonnenscheiben,
Dort liegt das unbekannte Land;
Dahin jagt rastlos ihn ein wunderbares Treiben;
Er zürnt dem Arm, der ihn auf diesen Hügel bannt,
Ins Dunkel stürzt er sich, und glaubt sich unverloren;
Hin greift er über Nacht und Grab,
Reißt hier den dünnen Faden ab,
Dort wird ein neues Leben ihm geboren:
Dies strahlt dem Weisen vor, und blitzt im Traum des Thoren.
Der graue Stein, mit Moos und Rasen überdeckt,
Dies Totenmahl im Raum versunkener Gestalten,
Ist eine Hand, die, noch das Dasein festzuhalten,
Sich starr empor aus wüstem Grabe streckt.

Zwei Stunden Zeit – zu *werden* und zu *schwinden* –
Und eine Sehnsucht, die an Ewigkeiten hängt!
Kannst du den Widerspruch ergründen,
 Daß ans Unendliche das Endliche sich drängt?
Wer zügelt diesen Drang? er fordert immer wilder!
Des Menschen Wahn, sein Stolz und seine Eitelkeit
Sind nur halb leserlich verzerrte Schattenbilder
Des innigsten Berufs der Lebensthätigkeit.
Vergebens, nur vergebens lüde
Die Götterwelt ihn ein, von der die Phantasie

Das reichste Lebensbild entlieh.
Das Kind wird seiner tausend Spiele müde;
Jedoch des *Spiels*, des süßen *Spieles* nie.

Ja, Leben ist es, was im Herzen
Des Säuglings klopft, in seinem Geiste reift,
Der, feind der Dunkelheit, nach Kerzen,
Nach süßer Lebenshelle greift.
Begeistert schaut der Greis, mit halb erloschnem Blicke,
Nach einem Ufer hin, das gegenüber blüht,
Wenn hinter ihm, wie eine lange, schmale Brücke,
Dies Leben sich hinunterzieht.
Und welche Hände konnten, zum Versinken
Im finstern Strom, ihm diese Brücke baun?
Darf diesem Lebensdrang, und seinen holden Winken
Das arme Herz sich nicht vertraun?
Ist dieses innre Weiterstreben
Ein leeres Hinschaun, ohne Ziel:
Dann gab die Gottheit uns zu wenig und zu viel;
Verunglückt ist ihr dann das ganze Menschenleben!

So rechnet kühn der Mensch. Wenn das vermessen ist:
So ist es die Vernunft, die er sich nicht gegeben,
Die sich so freventlich vermißt.
Der große Britte schwand; noch leuchten die Gestirne,
Die er gezählt, bei denen gethront:
Und Blumen keimten nur empor aus dem Gehirne,
Worin ein Weltsystem gewohnt?
Aus jenem Herzensblut, das einst in mattern
Und stärkern Pulsen Lust und Leben ausgedrückt,
Sieht deine Trauer schon die Rosenkrone flattern,
Die Hehras stillen Totenhügel schmückt! –
Versank ihr Geist *mit* der zerstürmten Hülle:
Dann ist das einzig Leidende – der Mensch;
Dann ist im Raum der weiten Lebensfülle
Das einzig Sterbende – der Mensch.

Die Rose fällt, die Duftgestalt verschwindet;
Allein ihr Staub, der sich durch tausend Formen treibt,
Sich immer wieder trennt, sich immer wieder bindet,
Und blühend aufersteht – er bleibt.
Staub oder Blatt – es bleibt! Ist denn der hohe Engel
Im Menschen, ist der minder wert,
Zu dauern, als das Blatt am Stengel,
Das eine Raupe trägt und nährt?
Wie? oder ist der Mensch, der, selbstgebietend,
Ein freies, lichtes Sein in seinem Busen pflegt,
Er, der in sich die Welt, in sich die Gottheit trägt,
Ist er nur Form, nur Staub, ein Blumenkelch, den wütend
Der letzte Sturm herab von seinem Lenze schlägt?

Es tönt geheimnisvoll in seiner innern Tiefe,
Als ob zum Leben ihn in seiner Brust
Ein tausendfaches Echo riefe;
Doch stirbt er hin mit jeder Lust.
Und warum muß der Mensch durch tausend Tode gehen?
Weil tausendfaches Leben ihm gebührt.
Das ganze Weltall ist ein großes Auferstehen,
Das ewig, ewig weiter führt.
Durch Tode geht der Mensch, damit er leben lerne;
Die Erd' entsinkt, das Reich der Seelen thut sich auf;
Schau hin! die Sonn' erlischt, und tausend Sonnensterne
Ziehn aus der tiefen Mitternacht herauf.

Verlaß den Laubensitz, voll abgefallner Blätter!
Tritt auf den Jura hin! vernimm dort die Natur,
Dies große Lied von Gott, dies Heldenlied für Götter,
Und fühle deine eigne Götterspur!
Wohin das Auge blickt, wie sich die Aussicht weitet,
Wir ahnen einen tiefen Sinn.
Die ganze Gegenwart, die uns umwogt, sie deutet
Auf eine große Zukunft hin.
Vom Schimmerlicht am Sumpf, bis zu dem Kranz von Tagen,
Der blühend durch den Himmel kreist,
O, welche Flut des Seins! die tiefen Wogen schlagen

Bedeutungsvoll an deinen Geist.
Es spiegelt in dem Geist, der so erhaben waltet,
Weissagend mehr als *eine* Welt sich ab,
Wenn sich das Heiligtum der Nacht vor dir entfaltet;
Und weihend steigt ein Genius herab,
An deine Hoheit dich zu mahnen,
Zu der du feierlich berufen bist.
Unendlichkeit kann nur das Wesen ahnen,
Das zur Unendlichkeit erkoren ist.

Wie klein versinkt vor ihr das Große,
Worin der niedre Trieb sich hoch vergöttert wähnt!
Sie, die Unendlichkeit, verwahrt in ihrem Schoße,
Wonach das weite Herz sich sehnt.
Und darum schwankt der Mensch; kaum trägt er seine Liebe
Der Huld entgegen, die von fern ihm winkt;
Kaum flicht er seinen Kranz: so welkt die Ros' und sinkt;
Er flieht von Traum zu Traum, als ob ein Geist ihn triebe;
Er flieht aus sich hinaus, und fordert Seligkeit;
Er greift, und was er faßt, ist ein Gewächs der Zeit.
Sei groß, sei stolz, ein hoher Weltgebieter,
Und hell umleuchte dich des Glückes Sonnenlicht,
Der Erdengüter Glanz: du hast nur Erdengüter;
Glückseligkeit, die hast du nicht.

Und doch, als ob er dort und da vielleicht sie fände,
Schwärmt hoffnungsvoll der Wunsch hinaus!
So strecken ewig tausend Hände
Nach ihr sich unermüdet aus.
Ihr ruft der niedre Sklav am Ruder der Galeere;
Ihr winkt der hohe Sklav in bunter Fürstenpracht;
Es fragt der Geiz nach ihr im weiten, wüsten Meere,
Und hört die Warnung nicht aus der Gewitternacht;
Er gräbt nach ihr im finstern, goldnen Schacht,
Und findet gelben Staub, und eine dumpfe Leere;
Der Hochmut träumt von ihr in seiner Dunkelheit,
Und bettelt feig um sie bei einer armen Lüge
Des Ehrenschmucks, den die Gewalt verleiht;

Der Dünkel fordert sie – als ob sie Kronen trüge –
Vom Schaugepräng der Macht und ihrer Eitelkeit;
Dort jagt nach ihr der Held durch eiserne Gefilde,
Und stürzet dort vor einem Schattenbilde
Verblutend hin – auf einen Lorbeerkranz. –
Was *innen* leuchtet, dünkt uns ein *entfernter* Glanz.

So glaubt der Mensch an einen Hügel Erde,
Worauf so kurz die schönste Stunde blüht;
Er wähnt, daß diese Welt den Funken löschen werde,
Den Flammendurst, der tief in seinem Wesen glüht.
Nimm hin den Kelch der Lust; zweimal hast du getrunken,
Vergöttert dich gefühlt; und schon
Ist von der Lippe weg der Nektarkelch gesunken.
Auf! richte dich empor! du bist des Himmels Sohn.

Die Götterfrucht grünt nicht am Halme
Des Lebens auf im engen Thal der Zeit.
Und wenn die Seligkeit mit ihrer schönern Palme
Das *neue* Himmelsleben weiht:
Auch dann wird sie noch unserm Herzen fehlen,
Bei jedem neuen Feierkranz;
Wir mögen tausend, tausend Kränze zählen;
Doch nie besitzen wir sie ganz.

Sie weilet nicht in stolzen Fürstenhallen,
Sagt vom beglückten Bösewicht sich los;
Nur *eine* Blume läßt ihr Ausflug niederfallen,
Und diese fällt der Tugend in den Schoß.
Sie flieht, wenn du kaum wähnst, sie zu erreichen,
Zu immer blühendern Gesträuchen,
In welchen sich ihr Ziel verliert.
Und warum fliehet sie so eilig,
Und läßt das Herz zurück, das sie so stark entführt?
Das große Ziel ist ihr zu heilig,
Und die Vergötterung zu reich, zu himmelvoll,
Zu der ihr Strahl hinüberleuchten soll.
Sie strahlt uns an in halb verhüllter Klarheit,

In schöner Stille, wie der Stern
Der hohen, nie errungnen Wahrheit,
Von fern, und immer nur von fern.
Kaum naht dein Blick sich diesem Stern,
Kaum siehst du ihn den Kreis beglänzen,
Der sich für deine Pflicht erhellt:
So steht er auch schon auf den Grenzen,
Und leuchtet hin nach einer höhern Welt.

Doch täuscht vielleicht in ihrer Zauberhülle
Die Ferne mich, wohin kein Seherauge dringt?
Weissagt mir dieser Mut, der nach Erkenntnis ringt,
Weissagt er nicht das Heil der aufgeschloßnern Fülle?
Dann sprich, warum, warum ward uns der Drang verliehn,
Der tiefe Wahrheitssinn, der feierlich und kühn,
Wie ein erhabner Seher, zu den Räumen
Der Unermeßlichkeit hinüber reißt?
Woher der immer rege Geist,
So über sich hinaus zu träumen,
Um dort zu fordern, was ihm hier gebricht? –
Aus Licht ist er zum Licht geboren;
Zu einem höhern Los' erkoren,
Ist seine Heimat hier auf Erden nicht.
Hier ist der Vorsabbath der höhern Lebensfeier,
Die Morgenstunde, die den Späher weckt,
Hinauf zu schauen zu dem Schleier,
Der uns das Heiligtum verdeckt.

In diesem Dunkellichte halten,
Zwar Täuschung noch, und Wahn und Trug,
In wechselnden und streitenden Gestalten,
Durchs Leben ihren Schattenzug.
Es sei, daß hier der Mensch im täuschenden Gewirre
Verlockender Gestalten sich verirre:
Nach Wahrheit, nur nach Wahrheit ringt sein Geist.
Und sollt' er dennoch nie das weitre Ziel erstreben,
Das heilig ihm der Genius verheißt?
Ja, weihet opfernd sich dem Wahn ein edles Leben:

Ist das die Wahrheit nicht, der dieser Sieg gebührt?
Die hohe Göttin ist es immer,
Die so den Mut begeistert, so entführt;
Ob auch im Wahn ihr holder Schimmer
Ihn mit gebrochnem Strahl berührt.
Nur leise kündend naht die Sonne sich dem Volke;
Ihr Flammenantlitz ist auf Morgenduft gemalt:
So mildernd ist die schöne Rosenwolke
Nicht Sonne zwar, doch sanft von ihr bestrahlt.

Dies ganze Dasein ist ein Spiegel,
In den ein blasses Bild der hellern Zukunft fiel;
Und fort reißt uns die Zeit mit ihrem raschen Flügel.
Wohin? Ein ewig Dort ist ihr entferntes Ziel.

Laß zur Geschichte, diesem Sarkophage
Der toten Zeit, laß uns hinuntergehn!
Laß ihren grauen Schatten auferstehn,
Und die verhüllten Geister dunkler Tage
Vor deinem Geist vorübergehn!
Den fremden Zug beginnen finstre Stunden;
Und andre sind mit Blut getauft;
Sie weisen trauernd hin auf tief geschlagne Wunden;
Durch Wunden hat die Menschheit sich erkauft!
Dann färben heller sich die grauen Nebeldünste;
Wie unter tanzenden und schönen Kindern, tritt
Im Chor bekränzter, Arm in Arm geschlungner Künste
Die Fabel lächelnd auf, und bringt die Wahrheit mit.

Die Zeiten sind weissagende Kassandern[1];
Und die Vergangenheit schließt uns die Zukunft auf.
Horch! sie verkündet uns ein großes Völkerwandern!
Die Menschheit ringt schon hier von einem Ziel zum andern;

---

1 *Kassandra*, eine Tochter des Priamus, des Königs von Troja. Sie besaß vom Apoll die Gabe der Weissagung, und verkündete das traurige Los des väterlichen Throns und ihrer geliebten Vaterstadt, die von den Griechen erobert und vernichtet wurde, vorher.

Sie kämpft sich immer mehr zur Menschlichkeit hinauf.
Am Peneus² trat ein junges Leben auf;
Es flatterten die zarten Liederseelen,
Wie Nachtigallen aus der Myrt', empor.
Da horchte tief, aus seinen Felsenhöhlen,
Der aufgesungne Menschensinn hervor.
Es zog ein milder Geist durch das entzückte Ohr
In jeden sanft gestimmten Busen,
Und trug ein blühendes Elysium hinein.
Arkadien ward nun ein Liederhain,
Und Hellas³ ehrte seine Musen.

Des Lebens höchste Blüte schloß sich auf;
Das Göttliche, die Kraft des Guten und des Schönen,
Verkündete sich ihm in zaubervollen Tönen,
Und hob zur Göttlichkeit den freien Geist hinauf.
Da trat hervor die Lieb' aus ihren Myrten;
Sie heiligte den jugendlichen Tanz;
Die wilde Lust verschwand, und Heldensöhn' und Hirten
Umflog der schäferliche Kranz.
Die Charis⁴ lächelte die stürmenden Heroen⁵
Hinein in ihre sanftre Welt!
Da ward das Liebliche dem Hohen,
Das Sanfte ward dem Großen zugesellt.
Geweckt von seinem eignen Strahle,
Vernahm der Mensch sich selbst und was in ihm begann!
Der Genius erflog das Reich der Ideale,
Dort brannt' er flammender den Himmelsfunken an:
So glorreich warf er ab die Bürde,
Die ihn zur Erde zog; er ging aus sich hinaus;
Und das Geheimnis seiner innern Würde
Sprach über ihn das Wort der Weihung aus.

2   *Peneus*, Fluß in Griechenland.
3   *Hellas*, der alte Name Griechenlands.
4   *Charis*, Huldgöttin, Grazie.
5   *Heroen*, Halbgötter, Helden.

Nun glänzen die hellenischen Gefilde
Von einer Schöpfung himmlischer Gebilde,
Die jeden Lebenstraum zu einem Tempel weihn,
In welchem hohe Götter walten.
Die Grazien der Weisheit ziehen ein;
Erhabne Worte spricht der Hain;[6]
Und Wahrheit hüllt in freundliche Gestalten
Des Urlichts reinen Wiederschein.
Wie hold umfängt sie uns in Psyches sanfte Trauer![7]
Ein Gott hat diesen Traum in Himmelsduft getaucht,
Und ihm, mit einem Geisterschauer,
Den zarten Sinn des Lebens eingehaucht.

Hell, mit Blüten überschleiert,
Lauscht des Hains geweihte Nacht,

[6] Geweihte Haine waren es, in deren geheimnisvollem Dunkel die Orakel ihre hohen Göttersprüche vernehmen ließen. Der dodonische Wald in Epirus verhüllte in seinen heiligen Schatten ein Orakel des Jupiter.

[7] Die schöne Dichtung von Amor und Psyche verschleiert die zarten Vorstellungen von *Sein* und *Werden*. Die Psyche, mit Schmetterlingsflügeln, deutet auf ein geistiges Wesen, welches, aus der gröbern Erdenhülle emporgehoben, eines höhern Daseins genießt. Sie ist die Vermählte Amors, die unsterbliche Genossin der himmlischen Liebe. Amor hatte Psychen oft gewarnt, nicht nachzuforschen, wer ihr Liebhaber sei. Aber auf die Vorstellungen ihrer Schwestern, die, nach ihrem Wunsch, ihr zugeführt waren, und, auf das Glück ihrer Schwester neidisch, ihr den Wahn einflößten, ihr Liebhaber sei ein Ungeheuer, trat sie im Dunkel der Nacht mit einer brennenden Lampe, und bewaffnet mit einem Dolche, zu dem Lager des schlummernden Amors, um sich von dem gefürchteten Ungeheuer zu befreien. Doch wie erstaunte sie, an dessen Statt den himmlischen Amor selbst zu erblicken! Sie zitterte, und ein brennender Öltropfen fiel auf Amors Schulter. Er erwachte, und verstieß zürnend die getäuschte Psyche. Die Unglückliche irrte nun trostlos auf der ganzen Erde umher, den verlornen Gott aufzusuchen und zurück zu flehen. Sie mußte sich harten Büßungen unterwerfen, bis sie endlich von Amor, der sie noch liebte, wieder aufgenommen, und in die Versammlung der Himmlischen eingeführt wurde, wo sämtliche Götter an der Vermählung Psychens mit der himmlischen Liebe teilnahmen. So glorreich kehrt der Himmelsfunke zu seinem Ursprunge zurück.

Wo die Gottvermählte feiert;
Aber *eine* Stimme wacht.

Psyche schwebt durch Rosenzweige;
Alles blüht in heiterm Licht.
Stimme der Entführung, schweige!
Aber ach! sie schweiget nicht.

Psyche, trotz dem Warnungsrufe,
Hört den Zauberton der Welt,
Neigt sich von der Götterstufe
Lüstern nieder, horcht – und fällt.

Psyche fällt! ein dunkles Ahnen
Zittert um die Büßerin,
Wie das Graun erzürnter Manen,
Durch die sanften Rosen hin.

Schatten sind's, die sie umgeben.
Wie ein holdes Traumgesicht,
Schwand der Gott aus ihrem Leben,
Nur aus ihrem Herzen nicht.

Blühte das Gesträuch nicht röter,
Das in Kronen sich ergoß,
Als der reine Himmelsäther,
Noch um Psyches Wange floß?

Ach! die Schuld im Busen schattet
Tief herauf in ihren Blick;
Seufzer flehn, von Gram ermattet,
Den verlornen Gott zurück.

Alles stumm, wo Psyche wallet;
Nur ein leis' entwehtes Ach,
Das den Hain durchgirrte, hallet
Ihr die Felsentochter nach.

Auch den Gott, der alle Ketten
Des gedrückten Lebens bricht,
Ruft sie an, sie zu erretten;
Doch der Gott erhört sie nicht.

Seine finstern Schrecken zeigend,
Naht der stille Genius,
Und versagt ihr, ernst und schweigend,
Den erflehten Friedenskuß.

Endlich ist es ihr gelungen,
Abzubüßen ihre That;
Endlich hat sie ausgerungen;
Die Erlösungsstunde naht.

Hohes, himmlisches Erbarmen
Geht ihr auf, wie Sonnenblick;
Psyche kehret zu den Armen,
Denen sie entsank, zurück.

Lichte Kronen in den Händen,
Nahn die Götter sich, und weihn,
Psyches Gottheit zu vollenden,
Sie zur Braut des Himmels ein.

Hier ahnest du den Geist, der über die Beschwerden
Der dunkeln Pilgerschaft ein mildes Dämmern gießt.
In diesem Schauerlichte schließt
Den schönen Lebensbund das ernste Sein und Werden.
O, laß uns in das Götterland,
Ins liebliche Gebiet der Fabelauen,
Das unterging, und nicht verschwand,
Mit hohem Ernst laß uns hinüber schauen!
Noch leuchtet Platons Geist, der, wie ein Sonnenblick,
Einst durch die Lenze Griechenlands gelodert;
Trotz der Natur, die giebt und wiederfodert,
Blieb uns sein Genius zurück.
Dort brachen Sonnen durch, die Nebel zu zerteilen,

Womit die Nacht den Tag umwand.
Ein Sokrates, ein Solon, ein Kleanth[8],
Hell leuchten diese Feuersäulen
Hinüber ins gelobte Land.

Nach diesen Geistern laß uns schauen,
Wenn drückend über uns das Erdendunkel liegt!
Verkünden *sie* uns nicht ein leises Morgengrauen,
Das rettend sich an dieses Dunkel schmiegt?
Ein jeder Blick von einer lichten Hore,
Die einen Strahl der Wahrheit uns vertraut,
Ist eine triumphierende Aurore,
Die durch das Morgenthor der großen Zukunft schaut.
Ein jeder Schritt, den unser Streben
Dem Reich der Wahrheit abgewinnt,
Er ist ein Schritt hinein ins heitre Geisterleben.
Jedoch, daß wir durch dieses Labyrinth
Nur langsam uns der Fülle näher winden,
Dies treibt in uns die Kraft zum Streben auf;
Und daß wir sie nur ahnen, nicht ergründen,
Dies ist ein hoher Wink; er winkt hinauf! hinauf!

Ja, dieses Ahnen: einst die reifre Frucht zu brechen,
Zu wandeln einst in einem reinern Licht,
Ist ein geheiligtes Versprechen,
Womit ein Gott die Zukunft uns verspricht.
Mit diesem feierlichen Gottesworte,
Mit dieser Handschrift, deren Sinn
Mir Ewigkeit verheißt, tret' ich gerettet hin
Zu jener finstern, tief verschwiegnen Pforte,
Und fordre – denn die Handschrift lügt mir nicht –
Das Leben, welches sie verspricht.

Nur darum senden weit entlegne Sterne
In unsre Wolkentag' ein mattes Licht herein,
Daß unser Geist im dicht verhangnen Lebenshain

---

8   *Kleanthes,* Vertreter der stoischen Philosophie um 264 v. Chr.

Sein eigner Schutzgott werden lerne.
Doch heller wird's um unsern Pfad,
Wenn sich durch das verhallende Getümmel
Der Gegenwart mit seinem stillen Himmel
Der Genius der Zukunft naht.
Er offenbart sich in der hohen
Begeistrung einer schönen That;
Begegnet uns, wo wir der Welt entflohen,
Die zwischen uns und unsern Frieden trat,
Und heiligt zum Genuß der innern Lebensfülle
Die Einsamkeit, die in der Flut
Des Weltgewühls, wie eine stille,
Verborgne Friedensinsel, ruht.

Da sieht der freie Blick den Strom vorübergleiten,
Sieht wie das Küstenland verhüllter Ewigkeiten
Am fernen Horizonte sich erhebt;
Das Morgenland, wohin das Heimweh unsrer Thränen,
Dies tiefe, nie gestillte Sehnen,
Geheimnisvoll hinüber strebt.

Vierter Gesang

Der Gott des Lebens kann den Menschen, den er mit so dringenden, über dies irdische Sein hinausfordernden Bedürfnissen ausstattete, nicht vernichten wollen; denn überall wehen uns aus der Natur Töne der Huld entgegen; und selbst der Schmerz ward zum Schutzgeist der Freude bestellt. Diese holde Pflegerin des Lebens kommt uns freundlich entgegen, und schließt sich, nicht unwürdig der hohen Bestimmung, dem Gefolge der Tugend an. Eine nicht minder hohe Begleiterin unserer heiligsten Gefühle ist die Phantasie. Sie erhebt uns über dies Dasein hinaus, und feiert mit einer schönen Seele das Leben höherer Welten. Aus höhern Welten kamen, um uns die Pilgerschaft durch diese noch mehr zu versüßen, die Liebe und die Freundschaft, wie zwei tröstende Genien, herab, und blicken voll Sehnsucht nach ihrer Heimat zurück, zu ihrem Himmel, der sie nicht zurückweisen kann. Diese Sehnsucht, und wenn sie auch in einem leichten, heitern Leben gleichsam in den Hintergrund zurücktritt, verschwindet nie.

Auch die Dunkelheiten unsers Erdendaseins sind eine Sendung der Huld. Die Stürme des Lebens regen in uns die großen Bedürfnisse auf, um mit der ganzen Kraft ihrer Ansprüche auf eine Zukunft uns zu begeistern. Kamen nun Leben und Vernichtung aus einer Hand: so ist dies Dasein eine Welt der Widersprüche. Das Leben ist eine flüchtige Erscheinung, in der wir nur unsre Mängel fühlen lernen. Unzufrieden mit sich selbst, blickt der Weiseste in die Vergangenheit zurück. Die Gestalten der Erde verschwinden; die unsterbliche Kunst sieht ihr Gebilde zerfallen; alles deutet hin auf physischen Tod; aber die Auflösung des irdischen Daseins ist die opfernde Vergötterungsscene des geistigen Menschen. Selbst in der Natur findet kein Übergang zum Nichtsein statt. Wir wissen zwar so wenig das Woher, als das Wohin unsers Seins: genug, daß wir sind; daß die Natur nicht auflösen kann, was im Reiche der Gestalten nicht entsprang. Des Menschen innigstes Seelenleben, die geistige Kraft, das Heilige zu fassen, die Tugend anzuerkennen, ist über die Ansprüche der Natur erhaben. Die Art des Zusammenhanges der geistigen Kraft mit der sinnlichen Organisation begreifen wir nicht. Unabhängig von diesem Geheimnisse, ist die Anerkennung unsers innigsten Berufs: fortzustreben zu einer immer mehr befriedigenden Vollendung, die eine Unendlichkeit verbürgt und voraussetzt.

Unsterblichkeit

Es sei gegrüßt, das Inselland der Stille,
Die Einsamkeit, wo sich der Sturm des Lebens bricht;
Wo die Betrachtung wohnt, und aus der tiefen Fülle
Der Seel' ein Wiederhall aus fernen Welten spricht!

Fleug hin mit deinem Geist zu jenem Wunderthale,
Dem Thal, um welches kühn empor die Tempelhöhn,
Die Felsen, wie Erinnrungsmale
Von grauen Ewigkeiten, stehn!
Laß noch einmal den Tag vorüberziehen,
Der, wie ein schöner Wandel, unterging,
Und mit dem Nachklang seiner Harmonien
Schon zwischen zwei Welten hing,
Als uns dies Gotteshaus umfing,
Dies Felsenthal, voll großer Phantasien!
Wir schauten nach der Rosenwand,
Wohinter mit den letzten Spuren
Das schöne Tageslicht so still hinunter schwand,
Als sich der Mond dem Ostgewölk entwand,
Und über den verlaßnen Fluren,
Wie eine aufgeblühte Hoffnung, stand,
Wie ein geweihtes Unterpfand
Der unversiegten Lebensquelle.
Gleich einem dunkeln Leben, wand
Der Strom des Waldes sich durch seine Wasserfälle
Hinab, wohin die Zeit ihn reißt.
Da schlug, wie eine leise Welle,
Der Sinn des Lebens auf in unserm Geist.
Es war so still um ihn, wie nach verstummten Flöten,
So still, als ob durch die verhüllte Flur
Des Friedens Atemzüge wehten.
Nichts war um uns, als Gott und die Natur.
Da schauderte durchs Herz die Kraft, sich aufzuringen,
Sich los zu retten von den Dingen;
Und freier sah der Geist ins Ewige hinaus;

Und Leben, Lebenswonn' und Licht und Wahrheit gingen
Vom hohen Unsichtbaren aus.
Doch fragt der Zweifel: Warf die Gottheit mit Verachtung
So viel erhabnen Lebenssinn
Und so viel Gottheit zur Verschmachtung
Ans große Weltenufer hin?
Tilgt er ihn zürnend weg vor seinem Angesichte,
Den Menschengeist, den er so tief,
Und inniger hervor aus seinem Gotteslichte,
Als alle seine Sonnen, rief?

Sieh dort! ein liebliches Geflimmer
Erwacht im Schoß der Dunkelheit.
Schon tritt ein roter Morgenschimmer
In meine düstre Einsamkeit.
Du, Herold Gottes! hast du nichts mir zu verkünden? –
Du sprichst: »Mich hat die Huld gesandt.« –
Willkommen, Lichtaufgang! Die letzten Schatten schwinden,
Aus denen heitres Leben auferstand.
Ein lichtes, himmelblaues Leben,
Woran die Freude, wie ein Rosenwölkchen, hängt,
Wird den erwachten Tag umschweben,
Der liebend seine Welt umfängt.

Wie Blicke, die in heller Wonne schwimmen,
Glänzt der betaute Halmenhain;
Und Liebe ruft, mit tausend Stimmen,
In ihre Morgenwelt hinein.
Ein jeder Hauch, der über Blumenflächen
Der Aue wandelt, spricht: »O Mensch, die Gottheit liebt!«
Kann rührender die Liebe sprechen,
Als durch den Himmel, den sie giebt?
Vernimm den Sinn, den Geist der süßen Lebenstriebe,
Der tausendstimmig zu dir spricht:
»Vernichten kann der Gott der Liebe,
Vernichten kann der Gott des Lebens nicht.«

Zu einem ernsten Freudentempel weihten
Verborgne Hände diese Welt,
Durch welche lächelnd bald, wie holde Seligkeiten,
Bald warnend, wie der Schmerz, uns Engel hin begleiten,
Von einer höhern Huld uns freundlich zugesellt.
Die Huld hat an die Rasensitze
Der Freude hingestellt den Schmerz,
daß, gegen unser eignes Herz,
Er unsre Lebensfreundin schütze.
Verdamme nicht den weisen Schmerz!
Es war in einem Nachtviolen-Grunde,
Da heiligte der Schmerz mit einem ernsten Blick
Und hohem Ahnungssinn ihr stilles Seelenglück:
Vergessen wird sie nicht der weihevollen Stunde;
Die Thräne ließ er ja zum Denkmal ihr zurück.

Die Liebe hat die Welt geboren;
Die Freude nahm sie schmeichelnd auf den Schoß;
Und beide haben einen Bund beschworen,
Es zu beseligen, das reiche Menschenlos,
Dies liebste Pflegekind der Horen.

Halb fliehend, und nur darum schön,
Wirft uns die Freud' auf allen Wegen
Die Blumen ihrer Kron' entgegen.
In Thälern feiert sie und auf geschmückten Höhn
Den süßen Augenblick; sie hebt zur Lust die Schwinge
Dem Adler, wie dem Schmetterlinge;
Sie füllt die Lerchenbrust mit lyrischem Getön,
Daß sie die Zeit des Heils den Wolkenhallen singe.
Es schwebt ihr Geist im leisen Wehn
Der Waldluft hin, und schlägt um jeden Zweig die Flügel.
Wenn Taumelwellen auf des Baches Spiegel,
Gleich kindlichen Umarmungen, sich drehn,
Dann schüttelt sie vom nächsten Hügel
Die bräutliche Bekränzung drauf.
Sie führt den Tanz des jungen Leben auf;
Sie färbt die Blüte rot, wie eine Mädchenwange;

Sie zieht als Dryas¹ ein, wo du die Laube wölbst;
Sie folgt als Grazie von fern dem Tugendgange:
Denn wert des Himmels sein, ist halb der Himmel selbst.

Und daß schon hier im Reich der Sinne
Die junge Paradieseswelt beginne,
Ward unserm Geist ein Wesen zugesellt,
Aus Geist und Sinnlichkeit geboren:
Die Phantasie ward auserkoren,
Zu öffnen uns die reiche Wunderwelt.

Sie zaubert die Vernunft herab von ihren Höhen,
Auf denen hell, doch kalt, das Licht der Sonne strahlt,
Und lockt in Thäler sie, wo Nebeldüfte wehen,
Auf die so blühend sich der Regenbogen malt.
Und über öde, tote Räume
Weiß sie Lebendigkeit und Glanz und Licht zu streun;
Der Freud' erzählt sie rosenfarbne Träume;
Sie singt den Gram mit Himmelsliedern ein.
Sie hat den mächtigen Gesang erzogen,
Der das Gemüt der Erd' entreißt;
Sie schwebet auf der Flut, auf den belebten Wogen
Der Töne hin, wie Gottes Geist.
Bald seufzen ihre Töne leise Klagen
Der Sehnsucht aus, die schöne Seelen drängt;
Bald flattern sie dahin, gleich frohen Kindertagen,
Um die ein bunter Frühling hängt.
Was sprach so süß, wie ein Gesang der Musen,
Die Harmonien deines Herzens nach?
Sie rief den Echolaut, zur Stimm' in deinem Busen,
In einer zarten Seele wach.
Sie haucht der Liebe diese Zauberworte,
Sie haucht ihr ein die Seelenmelodien;
Sie schmückt das Leben ihr, wie eine Siegerpforte,
Durch die bekränzte Horen ziehn.
Der Hoffnung giebt sie morgenrotes Leben,

---

1   *Dryaden,* Waldgöttinnen, die im tiefsten Dunkel der Haine wohnten.

Und der Erinnerung ein Abendrot voll Ruh;
So treten beide hin zur Gegenwart, und weben
Dies Zwischenland mit Blumendecken zu.
Sie faßt die Gegenwart in ihren Zauberspiegel,
Und strahlt verschönert sie zurück;
Sie schwingt sich auf von diesem Hügel,
Und Himmel öffnen sich vor ihrem Seherblick;
Sie schaut hinaus, und sieht ein großes Lebenswandern;
Da zieht es hin durch die erhabne Ruh,
Und eine Sonne blitzt der andern
Den Gruß der Lieb' und Lebensfreude zu.
Wie Funken, die auf Ätherfluten glimmen,
Von einer höchsten Sonn' herab
Auf diese Flut geworfen, schwimmen
Die goldnen Inseln auf und ab.
Von der Begeisterung getragen und erhoben,
Begeht ihr Götterfest die Phantasie dort oben,
Und weihte *sie* nicht im Prophetentraum
Zur Tempelheiligkeit den Raum
In jenem Abendthal, das deine Trauer feiert?
Wo durch die grüne Nacht, die festlich niederhing,
Wie mit Verklärungsglanz umschleiert,
Die himmlische Gestalt der reinsten Seele ging!
Geheim umflüsterte das Laub die Tannenreiser,
Wie Liebeslispel einer jungen Braut;
Und die Natur sprach leis' und immer leiser;
Die Gegenwart verschwand, wie ein verklungner Laut.

Um Hehra war's so heilig, wie am Sitze
Der Unschuld, die ein Gott bewacht.
Ein schönes Leuchten, wie verschwiegne Blitze,
Vergoß die heitre Sommernacht.
»So wie dies Leuchten« – sprach die Fromme – »glänzt am Staube
Der dunkeln Erde still der Gang der Tugend auf.«
Und ihr Gefühl war Heiligung und Glaube,
Die das begeisterte Gemüt hinauf
Zur Heimatflur geweihter Seelen trugen.
Es feierte der ganze Hain,

Und alle Nachtigallen schlugen
In Hehras Seelenfest hinein.
Sie blickt' empor, und sah den Schein
Der Abendfackel durch das Grauen
Der Dämmerung am Saum der Nacht herüber schauen.
Da rief sie: »Schön ist doch das dunkle Menschenlos!
Die Erde nimmt uns sanft auf ihren Blumenschoß,
Und zeigt von fern uns neue Erden,
Für die sie uns erzieht; und schauerlich und groß
Liegt vor uns da das ernste Sein und Werden.
Wie eine Zukunft, schaut die Abendwelt,
Sie schaut uns an aus ihren tiefen Hallen,
Voll Sterne, die das weite Schlummerzelt
Des eingeschlafnen Tags, wie goldne Träum', umwallen.
Der Altar[2] glänzt daher, und wonnefestlich schlägt
Empor von ihm die Glut, wie Opferflammen-Lohe,
Da feiert seliger der Glaube, der die hohe
Verheißung Gottes durch die Himmel trägt.
Nun sieht das Zweigestirn, wie still und mild zusammen
Dort auf und ab die beiden Sterne gehn,
Und ewig sich einander hold umflammen!
O, laß uns dort Bedeutung sehn!
Es geht der große Geist der Liebe
Durch seine Schöpfung, die er trägt und hält;
Er schlingt das süße Band der holden Wechseltriebe
Hier um ein Herz, und dort um eine Welt.
Und o, wie feierlich ist jener Raum erhellt,
Wo immer meine schönsten Lichter brannten!
Die Kron'[3] am Himmel zieht die Seele himmelwärts,
Und strahlt mit ihren Sternendiamanten
Der Hoffnung Freudigkeit ins Herz.«

Und immer heller wird's in Hehras innerm Leben:
»Dort« – rief sie aus – »wo freudig ab und auf
Im dunkeln Raum die Strahlenwelten schweben,

---

2   *Der Altar,* ein Gestirn am südlichen Himmel, unterhalb des Herkules.

3   *Die Krone,* dem Arktur gegenüber.

Löst glorreich sich in Licht und Leben
Das schauerlichste Dunkel auf.
Die Gräber dort sind lichtbekränzte Thore,
Durch die der Genius, der uns hier kalt berührt,
Der Genius der letzten Hore
Die Pilgerscharen Gottes führt,
Wenn sie, von einer Welt zur andern,
Die große Gottesstadt durchwandern.
Wie selig dämmert zu dem Glauben es herab,
Das stille Land der Hoffnung und der Liebe,
Zieht uns empor vom eitlen Weltgetriebe,
Und spiegelt sich im reinsten Leben ab!
Wohl ist die Bürgschaft für den Himmel
Der Himmel hier in unsrer Brust.« –
So Hehra. – Tief versank das rauschende Getümmel;
In Nacht versank vor ihr der Traum von Schmerz und Lust.

Der Mensch hört auf zu sein; und schon beginnt der Engel,
Wenn er in *sich* den Himmel nicht vermißt,
Wenn, trotz dem Schmerzgefühl der Mängel,
Der Gott *in* ihm auch *mit* ihm ist.
Du sahst die Zukunft sich in Hehras Leben spiegeln,
Da fiel in deine Seel' ein wunderbares Licht;
Da legte mit der Liebe Flügeln
Sich um dein Herz die schöne Zuversicht.
Der Glaub' umfaßte nun mit *einem* Friedensbunde
Dies Erdenthal und jenes hohe Sein. –
Begegnen wird dir einst mit dieser reichen Stunde
Die Ewigkeit noch dort am finstern Totenhain.

Sei Friede dann mit diesem Schattenleben!
Dem Himmel ist es ja so nah verwandt;
Und Lieb' und Freundschaft weihn darin ein stilles Land,
Das sie, wie Genien, umschweben,
Aus einer schönern Welt zu uns herab gesandt.
Wo eine Tugend an die Brust der andern,
Und wo der Gram ans Herz der Liebe fällt:
Da laß uns heiliger vorüber wandern;

Da feiert eine Engelwelt.
Sei hoch beseligt, oder leide;
Das Herz bedarf ein zweites Herz,
Geteilte Freud' ist doppelt Freude,
Geteilter Schmerz ist halber Schmerz.

Lieb' und Freundschaft wandeln unter guten,
Frommen Menschen tröstend auf und ab;
Treten weinend an ein Blumengrab,
Wo die Brust versank, an der sie ruhten.

Zu der Lichtwelt seufzen sie hinaus:
»Deinen Himmel haben wir verkündet;
Darum nimm uns, wenn hier alles schwindet,
Hehre Lichtflur, nimm uns rettend auf!«

Unter trauernden Erinnerungen
Liegt verschattet unser stille Pfad.
O, vergüte, was die Zeit verschlungen,
Und das Schicksal grausam niedertrat!

Unsre Herzen sind voll Totenmale,
Wie der Rasen im Cypressenthale.
Zwischen Gräbern seufzen wir hinauf:
»Hehre Lichtflur, nimm uns rettend auf!«

Ruft dieser Seufzerlaut der reinsten Lebenstriebe
Vergebens einen Himmel an,
Zu retten, was so schön, so feierlich begann? –
Die Sonne droben ist ein großer Blick der Liebe;
Gott schaut mit diesem Blick uns an:
Ihn frag', ob Gott vernichten kann!
Vernichten, Freund! – o sieh, er sendet,
Mit allen Segnungen der höhern Lebensruh,
Der dunkeln Stelle, wo dies Leben endet,
Noch seinen Friedensengel zu!

Mit Phädon flog am Arm des Glückes
Das heitre Leben hin; es war ihm ein Gesicht,
Das *einmal* nur erscheint! die Zukunft war ihm nicht.
Jetzt tritt herein der Geist des letzten Augenblickes,
Bedeutend ernst, wie ein Gericht;
Er löst die sanfte Blumenkette,
Mit welcher Phädon gern am süßen Leben hing;
Und Hehra tritt zur Lagerstätte,
Wo sie der Händedruck des Scheidenden empfing.
Er sprach: »Sieh hier den Tod! in seinem Schatten lauert
Bewaffnet ein empörtes Schmerzgewühl!
Geist – Kraft – und ewig tot! ach, die Vernichtung schauert
So kalt durchs widerstrebende Gefühl!«
Die Sanfte sprach: »Wir gehn von Pflichten, Freund, zu Pflichten,
Zu neuer Thätigkeit dahin.« – Und Phädon rief:
»Dich, Engel, kann ein Gott der Wahrheit nicht vernichten!
Gott! Gott!« – Er wandte sich; sein brechend Aug' entschlief.

Es ist ein Gott des Rechts! O, glauben wir dem Munde,
Der endlich vor der Tugend ihn bekennt!
O Heil! das höchste Heil der Stunde,
Die tröstend uns den Retter nennt!

Nicht immer schwebt im sanften Blütenregen
Der Geist der Huld um unser Herz!
Das Schicksal klopft mit harten Schlägen
An unsre Brust, und draußen steht der Schmerz.
Wir schrecken auf, und zitternd sinkt das Herz
Auf Trümmer seines Friedens nieder!
Tritt näher hin: und er erhebt dich wieder;
Ein Bote Gottes ist der Schmerz.
Er spricht. »Laß ihr Gesetz die Weltnatur erfüllen!
Blick' über ihr Gebiet hinaus!
Der graue Nebel mag den Sonnentag verhüllen:
Er löscht die Sonne selbst nicht aus.« –
So spricht der Feind, vor dem wir zittern;
Doch Friede sei mit ihm, der ihm und uns gebührt;
Er ist ein Engel in Gewittern,

Der zu dem höhern Frieden führt:
Den finden wir selbst im Cypressenschauer,
Wo er die Seele Lykophrons[4] erhob,
Als über des Verlaßnen Trauer
Der sanfte Farbenkranz aus Licht und Nacht sich wob.

Das Ungewitter schwieg; zerrißne Wolken hingen
Vom Abendhimmel tief herab;
Die Sterne, hinter Wolkenschatten, gingen
Wie stille Geister, auf und ab;
Und Lykophron trat an ein frisches Grab.
Da schimmert' es vom Hügelrand herüber;
Der Halbmond schaute, wie ein trüber,
Ein halbgeschloßner Blick, ins Urnenthal herab.
»Melida!« rief der Gram – »so tief, so tief versunken
Ist all' die Herrlichkeit, die blühend dich umfing!
So tief in Nacht erlosch der Funken,
Woraus hervor das lichte Leben ging!«
Das Himmlische zerfiel, wie Blumenstaub der Fluren;
Und doch, wie drückten sich so zart und rein
In diesen Blumenstaub die Spuren
Vom Wandel eines Engels ein!
Da sieh! ein dünner Nebel kam gezogen;
Und, wie ein Traumgebild aus blühender Natur,
Umarmt' ein nächtlich sanfter Friedensbogen
Das tote Dunkel seiner Flur.
Da war's, als spräch' ein Geist zu ihm die Worte:
»Erhebe sich das trauernde Gemüt!
Der Friedensbogen dort, die sanfte Blumenpforte
Zum Himmel, ist aus Licht und Thränen aufgeblüht.« –

4   *Lykophron*, Sohn des Tyrannen Periander (629-585 v. Chr.) von Korinth und dessen Gemahlin Melissa, die infolge einer Mißhandlung durch ihren Gatten starb. Lykophron wandte sich, als ihm der Großvater den Mörder seiner Mutter entdeckte, mit tiefer Verachtung von seinem Vater ab, der darüber so in Zorn geriet, daß er den Sohn von sich stieß und jedermann bei Strafe verbot, ihn aufzunehmen. Lykophron wurde später, als sein Vater sich wieder mit ihm versöhnen und ihm die Herrschaft abtreten wollte, von den Bewohnern Korkyras ermordet.

Fürwahr, die Hand, die unter Blütendecken
Uns hinführt in den Hain der Lust,
Wirft auch den Sturm an unsre Brust,
Vom dumpfen Sinnentraum den Geist empor zu schrecken.
Mit *welchem* Druck sie uns berührt:
Es ist die Hand der Liebe, die uns führt!

Und diese Liebe stürzt – ach! wie von einer Klippe,
Vom Dasein uns so rettungslos hinab?
Sie reißt den Lebenskelch hinweg von unsrer Lippe,
Für den sie so viel Durst uns gab?
Sie ruft, durch die Natur, zur seligsten Vermutung
Der Dauer, Geist und Herz hinauf,
Und baut, zur gräßlichsten Verblutung
Des Lebens, hier den Opferaltar auf?
Wie? hat sie darum nur in dieser Stufenhalle
Den Menschengeist so hoch hinauf gestellt,
Daß er vom Gipfel seiner Welt
Mit desto tieferm Sturze falle?
Sie sandte selbst den Blick von Licht in seine Nacht,
Aus welcher er doch nie zum hellern Tag erwacht?
Sie hat den Sinn der Freiheit in die Seele
Nur darum tief, so tief hinein gelegt,
Damit der Geist in seiner Kerkerhöhle
Die Ketten fühle, die er trägt?
Die Tugend fordert unser Leben,
Sie fordert Opferung, und ihre Vollmacht lügt?
So mag das Laster nicht, so lass' den Edlen beben,
Der diese Welt verlor, und jene nicht ersiegt!
Dann kehre weg den Blick vom großen Weltenbuche!
Hohn lacht dir die Natur in ihrem Morgenrot;
Das ganze Leben wird zum Fluche;
Ja, dann ist Tod um uns, und nichts, als Tod!
Wir wandeln hin im großen Schattenreiche;
Was fallen *kann*, sind Trümmer nur;
Die lebende versenkt die tote Leiche;
Ein schrecklich Opferfest begehet die Natur!
Der Blutaltar – dort steht er aufgerichtet;

An seinem Fuße gähnt ein schauderhaftes Grab!
Dort wird im Menschen eine Welt vernichtet!
Dort bricht der Anfang eines Gottes ab! – –

O, diese Widersprüche stürmen
Dich deiner feierlichsten Hoffnung zu!
Das Leben triumphiert, und seine Palmen schirmen
Die heil'gen Stellen deiner Ruh.
In diese Friedenspalmen flüchte
Dein Glaube sich, wenn er, verjagt
Von Zweifeln, vor dem Weltgerichte,
Das du im Busen trägst, das Menschenlos verklagt;
Wenn er hinauf klagt zu den Sternen,
Daß, in dies Dasein eingeengt,
Wir eben nur die Tugend lieben lernen,
Und fort sind, eh' sie uns umfängt.

Laß einen Edeln sich vom Erdenstaub erheben!
Mit einem Seufzer geht der Weiseste dahin.
Las Casas[5] stirbt – o sieh! der ganze Sinn

[5] *Las Casas* war Bischof von Chiappo in Mexiko. Er gab im Jahre 1542 eine Schrift heraus: Über die Mittel, Indien zu verbessern, und übersandte sie Kaiser Karl dem Fünften. Eine zweite Schrift von ihm führt den Titel: Die Verheerung Indiens. In beiden Schriften hält er den Tyrannen dieses, mit einer schauderhaften Grausamkeit unterjochten, Landes die Härte und Ungerechtigkeit vor, unter welcher die unglücklichen Indier in den drückendsten Ketten der Sklaverei verschmachten mußten. Er zeigte, daß es das Christentum entehrte, diese Mitgenossen einer Religion der Menschlichkeit der schrecklichsten Unmenschlichkeit preiszugeben. Aber was hatten jene Ungeheuer, die sich Christen nannten, mit der Menschlichkeit zu thun? Dem Las Casas stellte sich ein Widerstand entgegen, der ganz die Miene der Verfolgung trug. Doch verlor er nicht den Mut, für seine Unglücklichen zu thun, was der Drang der Umstände ihm übrig ließ. Gezwungen endlich von der Not, schlug er freilich, leider! den Tyrannen Westindiens vor, die, den christlichen Indiern abzunehmenden, Sklavenketten den heidnischen Schwarzen anzulegen. Von diesem Vorschlage an datiert sich der, die Menschheit schändende, Sklavenhandel, gegen den der Genius der neuern Zeit seine Stimme *so laut* erhoben hat, daß selbst Pitt ihm das Gaukelspiel einer, absichtlich vergeblichen, Bemühung, als ein heuchlerisches Opfer, schuldig zu sein

Des Lebens drückt sich aus in einem solchen Leben.
Wie unbefriedigt schaut er auf den Raum zurück,
Wo seine Tag' ihr kurzes Dasein hatten!
Das ist der letzte, dunkle Blick;
Es ist, als würf' er nur noch einen leisen Schatten
Aus einer höhern Welt zurück.
Er sieht die Zeit, wie sie, mit aufgerißnem Flügel,
Dahin mit unsern Thaten flieht.
So tritt er auf den letzten Hügel,
Um den ein Abendtraum vom langen Tage zieht.
Zu seinen Füßen schreit Chiappos Volk in Ketten,
Die Spaniens Tyrann um freie Menschen wand;
Der fromme Seelenhirt streckt zitternd aus die Hand,
Vom Drucke die Verzweifelnden zu retten;
Und, wie ein Segen, hängt an seinem Blick die Ruh.
Sein Wütrich zürnt herab von seinem goldnen Sessel;
Las Casas bebt, und wirft die kaum gelöste Fessel
Den armen schwarzen Brüdern zu.
Da, wo er rettete, schwebt ein erhabner Engel;
Und wo sein Mut der Tyrannei erlag,
Bedeckt die Stell' ein dunkler Tag.
Es ist der Schatten seiner Mängel;
Er kennt ihn wohl, und büßt ihn seufzend ab.
Ein Himmelsahnen schwebt nun sanft, wie eine helle,
Versöhnende Gestalt, auf seinen Geist herab.
Das reinste Leben gleicht der Quelle;
Auf ihren Spiegel fällt des Sonnengottes Blick;
Doch die, vom Schlamm des Ufers trübe, Welle
Strahlt ihn mit Zittern nur dem hehren Gott zurück.

Und solch ein Leben streckt umsonst die Hand hinüber
Nach einem höhern Ziel, das aus der Ferne winkt?

glaubte. – Las Casas wurde durch die drängende Not, durch spanischen Despotismus, zu einem Vorschlage hin geschreckt, der seinem Herzen widersprach. – Es ist ein entzückender, unvergänglicher Kranz, den Engel, im dritten Teile des Philosophen für die Welt, auf das Grab dieses Weisen niederlegte.

Es fällt, wie ein Phantom, ein Luftbild, welches trüber
Und immer trüber jetzt in seine Nacht versinkt? – –
So kann, *so* darf das Heilige nicht enden!
Hinüber sichernd über Nacht und Grab,
Kam – um an uns den Himmel zu verpfänden –
Das Göttliche zu uns herab,
Und strahlte – daß der Mensch sich selbst getreuer bliebe –
Der Tugend sanften Wiederschein,
Wie Nebensonnen, in die Triebe
Des dämmernden Gefühls hinein.
Da ward die Knechtschaft erdgeborner Sinne
Des göttlichen Gebiets, das ihr so nah' ist, inne.
Verkündet nicht der freie Göttermut,
Daß er aus fremden Welten stamme?
Dies Dasein ist der Herd, von dem die Lebensglut
Auflodern wird zur hellern Ätherflamme.
Nur, was der Erd' entsteigt, wird auch der Erde Raub.
Geschlechter schwinden fort, noch ehe sie veralten;
Wie Nebel ziehn dahin die dämmernden Gestalten;
Sie schütteln grauenden Verwesungsstaub
Aus langen, düstern Schleierfalten;
Und was bekränzt war, trägt verdorrtes Laub.
Die Gegenwart tritt auf; und weg vom jüngern Lichte
Sinkt immer tiefer die Vergangenheit.
Die Weltgeschichte selbst begräbt die Weltgeschichte,
Verwischt den alten Schattenriß der Zeit.
Die Male der Vergötterung verwittern!
Die ewige Natur reißt stolze Cedern fort.
Schau! wie versteinerte Jahrtausende, stehn dort
Die Riesenfelsen auf – die Zeit wird sie zersplittern.
Das Hohe fällt; und eine dumpfe Nacht
Steht lauernd hinter jedem Schimmer.
Wir trauern über Hellas' Trümmer;
Und finster blickt der Ernst auf Roms versunkne Pracht.
Verschüttet sind, Athene[6], deine Hallen,

---

6   *Athene,* Pallas Athene, oder Minerva. Sie trug den Sieg davon, als zwischen ihr und dem Neptun die Frage streitig war, nach wessen Namen

Wo seinen lichten Kranz der Genius erflog!
Dein Riesenbogen ist zerfallen,
O Rom, durch den dein Triumphator zog!
Das Heiligtum des kühnen Säulenganges
Umwuchert längst entweihendes Gesträuch;
Und leise seufzet noch aus ihrem Schattenreich
Die Muse des aonischen Gesanges.[7]
So ist der reichste Glanz ein flüchtiger Genuß!
So sinkt dahin, was hohe Kunst gestaltet! –
Doch dauernd ist, was innen waltet:
Unsterblich ist der Genius!

Entstehen, Sein, und Tod! – Verhängnisvolle Worte,
Ihr seid der Inhalt jedes Erdentraums!
Des feierlichen Throns, sowie des Hüttenraums!
Die Erd' ist das Gerüst der engen, grünen Pforte
Des Schattengangs, der sich hinab ins Dunkel zieht,
Wohin der Thor mit Graun, mit Ernst der Weise sieht.
Dort zittert schwer ein müder Greis hinunter;
Ein reiches Leben ging in seinen Tagen unter;
Die Welt ist nicht mehr sein, die seine ging zur Ruh.
Er wankt ihr einsam nach. – »Wohin?« – Wohin, fragst du?
Die Blume neigt ihr Haupt zur mütterlichen Erde;
Sie fragt nicht, ob ein Morgenrot
Zu irgend einem Lenz sie wieder wecken werde.
Der Mensch nur fühlet seinen Tod;
Der Mensch nur fragt: »Wohin?« – Ist diese ernste Frage
Nicht eine Nacht, in der es halb schon tagt?
Sie spricht ein *Jenseit* aus, wonach sie diesseit fragt.
So geht der Mensch zu seinem Opfertage,
Und durch das Fest der dunkeln Opferung
Zur leuchtenden Verherrlichung.
Mit tiefen Schatten ist der Weihaltar umhangen;

die Hauptstadt Attikas genannt werden sollte. Diese Stadt erhielt von ihr den Namen Athen, und ward der Sitz der bildenden Künste.

7 *Äonischer* oder griechischer Gesang. Der aonische Berg in Böotien war den Musen geheiligt.

Der Göttertag ist noch nicht aufgegangen;
Tief hinter diesem Opferhain,
Da bricht er an, und löst die heil'gen Stunden,
Die Liebespfänder seines Himmels ein.
Bezahlen ist die Schuld, die Erd' ist abgefunden:
Und nun beginnt ein neues Sein
Vom Sein *zum* Sein geht alles Leben über;
Gestaltung reift zur Umgestaltung nur;
Und die Erscheinung schwebt vorüber.
Zum Nichtsein ist kein Schritt in der Natur.
Es mag ihr Flammenblitz den Eichwald niederbrennen;
Und ausgelöst ist eine Form des Seins.
Nur was sich fügte, mag sich trennen;
Des Menschen Geist ist innig *Eins*.

Zwar überschattet Nacht den Urquell unsrer Tage;
Wir wissen nicht, woher, wir wissen nicht, wohin
Der große Strom die kleine Welle trage;
Doch mein Triumph ist, daß ich bin!
Wir wissen nicht, wohin! drum müßten wir verschwinden?
Wir wissen nicht, woher! und doch, o Freund, wir sind!
Fortstreben wird, was geistig hier beginnt:
Sieh! *Leben, Heil* und *Licht* und *Gottes Huld* – das sind
Die Zeugen, die das *Ewige* verkünden. –
Noch *Eine Bürgschaft* ruht tief in des Menschen Brust:
Es ist das *Heilige*, das die Natur nicht kennet,
Das innre Sein, das uns den Geist der Tugend nennet.
Durch *sich* nur ist der Mensch sich dieses Seins bewußt;
Du bist nicht, was dir die Natur gegeben;
Sie warf es dir, als einen Schuldbrief, zu:
Dein, innig dein ist nur das Seelenleben!
Dies Seelenleben selbst bist du.

Wie Seel' und Körper sind, und *wie* sich *Eins* hinüber
Ins *andre* tief zu *einem* Sein verflicht,
Zu einem *solchen* Sein? – der Mensch erforscht es nicht;
Es ruhet Gottes Hand darüber.
Erforschten wir es auch, sprich: was gewönnen wir?

Gewönnen wir an Mut und Kraft, uns aufzuschwingen,
Und unsern Himmel *selbst* hienieden zu erringen? –
Genug! die Tugend bürgt dafür,
Daß nicht in der Natur ein Quell versiegen werde,
Der jenseit der Natur entrann.
Was irdisch ist, gehört der Erde;
Das Heilige gehört dem Himmel an. –

Sein werd' ich, weil ich bin. Triumphgesang, erschalle!
Erschalle tief in die Unendlichkeit hinein,
Daß aus der Tiefe laut dein Jubel wiederhalle!
Triumph! ich bin; und darum werd' ich sein!

Unsterblichkeit, auf hehren Schwingen
Erflieget der Geist dein lichteres Reich.
Weit hinter ihm, wo die Gestalten ringen,
Verrauschet der Sturm am dürren Gesträuch.

Ihr, vom Naturgesetz gehalten,
Ihr Sonnen, durchstrahlt den ewigen Raum;
Mein Geist fliegt *auf* von den Naturgewalten,
Und leuchtender strahlt sein ahnender Traum.

Es ist von ihm hinweggesunken
Der irdische Druck; das Göttliche nur,
Den linden Strahl, den reinen Ätherfunken
Entwinket ein Gott dem Schoß der Natur!

Fünfter Gesang

Im Menschen ist das Ziel des Menschen, der Grund seiner höheren Hoffnungen aufzusuchen. In ihm finden wir, wir mögen ihn in seiner Erhebung oder in seinem Falle beobachten, eine gewisse Kraft, die auf das Bestimmtwerden seines Strebens einen bedeutenden Einfluß äußert. Zugleich wirken auf sein Gemüt Triebe, die auf sinnlichen Genuß sich beziehen. Aus dieser Verknüpfung zweier, einander widerstreitender, Naturen tritt eine rätselhafte Erscheinung, aus ihrer friedlichen Vereinigung aber hohe, idealische Vollkommenheit des Individuums hervor. Jene Kraft, im höheren Grade ihrer Beharrlichkeit, giebt der Wirksamkeit des Menschen einen Schwung, der selbst in seiner verderblichsten Richtung den Beobachter zum Erstaunen fortreißt; das Große darin hält ihn fest. Diese Kraft nun, von einer edleren, wohlthätigen Zweckmäßigkeit geleitet, stellt eine Hoheit auf, die wir mit Entzücken bewundern: sie führt das hohe Bild der Tugend vor die Seele. Da erst, als die Menschheit das Zeitalter der kindlichen Einfalt und Unschuld überlebt hatte, begann das Bedürfnis der Tugend und ihrer tröstenden Hoffnung dringender zu werden.

Das Urbild ihrer höchsten Vollendung steht nun dem engen Zeitinhalt unsers Erdenlebens gegenüber, welches die Möglichkeit ausschließt, jenes zu erreichen; die Vernunft ist also genötigt, eine Fortsetzung unsers Daseins anzunehmen. Der Glaube an dies Fortschreiten des Lebens dringt sich uns unwiderstehlich auf, wenn wir die Unschuld leiden sehen. Die Stimme eines innern Gerichts fordert Gerechtigkeit für sie. Diese innere Stimme, die den Frevel verdammt, und die Unschuld in Schutz nimmt, legt eben dadurch ein Glaubensbekenntnis für ein höheres Leben ab, und das Entzücken, welches eine Edelthat in das beobachtende Gemüt zurückwirft, ist ein Vorgenuß jenes höheren Daseins: oder der Mensch ist zur Lüge geboren, zum Widerspruche mit sich selbst. Unendlich erhaben ist die Bestimmung des Menschen. Ein inneres Gesetz, ein Beruf von Hoheit und Würde ist die Jüngerweihe für ein höheres Sein, das Unterpfand eines Himmels, der Erhebung gebietet. Brutus schmähet die Tugend, weil sie Rom ihm nicht erretten half; allein ihr Reich, ihr Friede ist nicht von dieser Welt. Der Gang der Natur schreitet in den Grenzen der Notwendigkeit fort. Es ist die Aufgabe der höheren Natur des Menschen, im Kampfe mit der sinnlichen, ihre Vollendung mehr zu entwickeln, und *in* sich und *durch* sich selbst zu sein. Aus diesem Kampfe geht die geübtere Kraft des bessern Willens glorreich hervor. Der edle Garve verdiente hier wohl, zum Beispiele zu dienen. Während der schmerzvollsten Krankheit, die seinen Tod herbeiführte, und unter Geduld erschöpfenden Qualen schrieb er die schöne Abhandlung über die Geduld, mit einer Kraft, die den edlen Mann so hoch über physische Gewalten erhebt.

In eben dem Maße, wie die Kraft eines würdigen Strebens den Edeln erhebt, wirkt diese Kraft niederschlagend auf das Gemüt des Sünders. Wenn längst aus einem Leben die Tugend entfloh: sie läßt darin eine strahlende Erinnerung zurück; sie ist zu sehr Bedingung des innern Daseins, daß beide: die Heuchelei und die Reue, sich gedrungen fühlen, ihr Huldigungen darzubringen.

Die seltsamen Erscheinungen der Furcht eines strafenden Bewußtseins, sind der Tugend heilige Ahnungen, die im edlern Gemüte zu Himmelsgeistern werden, im Blick der Unschuld uns anleuchten, und Licht und Frieden um gute Menschen verbreiten. Dies Morgenrot eines höheren Lebens strahlte heller an Hehras schöner Seele hervor, im Gegensatze mit einem Gemüte, welches den hohen Ernst des Lebens unter reizenden Täuschungen verliert; aber die Stimme des Bewußtseins schweigt nicht, bestimmt ist sie, als eine warnende und strafende Nemesis unsere Führerin zu sein durch das Leben. Oft läßt sie sich in einem großen Beispiele der siegenden Kraft vernehmen. Christus stellt in der furchtbaren Erhabenheit seines Lebens ein solches Beispiel auf.

Tugend

So wag' es dann, o Freund! zu dir dich zu erheben!
So wag' es dann, zu haben, was du hast;
Zu finden, was dein Herz umfaßt;
Zu glauben an dein eignes Leben,
Wovon das Pfand, ein hochgeweihtes Gut,
In deinem innern Dasein ruht!
Im innern Dasein liegt ein Buch uns aufgeschlagen,
Wie eine offne Gegenwart.
Die Pythia in uns laß uns befragen!
Sie weissagt uns das Ziel, das unser harrt.

Wer ist der Mensch? – Auf beiden Wegen,
Zu ihm hinab, zu ihm hinan,
Weht uns ein Gotteshauch entgegen,
Und kündigt uns den hohen Menschen an.
Es flammt in ihm ein reines Götterfeuer;
Hoch flammt es auf; doch stürzet er einmal
Sich von sich selbst herab: ein solches Ungeheuer
Birgt keine wilde Kluft, verhüllt kein grauses Thal.
Mit Zittern staun' ich seine Höhen
In schrecklich wüsten Trümmern an!
Wie hoch muß nicht ein Wesen stehen,
Das so erschütternd fallen kann!

Begeistert blicktest du, in feierlichen Stunden,
Zur Göttlichkeit der Tugendkraft hinauf;
Und hast du in der Tugend Gott gefunden:
So such' ihn auch im Laster auf!
Ja, find' im Taumel Alexanders
Ruinen von Erhabenheit!
Was war sein Heldenwahnsinn anders,
Als die gefalne Göttlichkeit?
Sie fiel erschütternd, wie der Friede
Der Welt, wohin er Mord und Frevelthaten trug,
Der Welt, worin er nichts so tief, als sich, erschlug.

Groß war der stolze Philippide;
Die *Hoheit* war in ihm zerstört.
Das große Laster, das dein Herz empört,
Ist die gestürzte Pyramide,
Die, ach! zum Staub hinab die Flammenspitze kehrt;
Es ist der Wetterstrahl, der leuchtet und verheert.
Der Tugend Sonnenblick heißt: Friede.

Wenn kalt ein Wütrich dort den Frieden niederstürmt:
Dann überstrahlet hier, wie mildes Frühlingswetter,
Den stillen Zeitengang ein sanfter, edler Retter,
Der mit geweihtem Arm die Menschheit überschirmt.
Die Erde stellt dem Himmel nichts Verhaßters,
Und nichts Geliebters, als den Menschen, auf;
Und dies Amphibion der Tugend und des Lasters,
Wo löst es einst in Harmonie sich auf?
Der wunderbare Mensch! im Guten und im Bösen
Gleich unbegreiflich sich! O sprich! wer gab der Zeit
Dies große Rätsel auf? Wer wird, wer kann es lösen? –
Die Weisheit einer Ewigkeit!

Zwei Mächte sind im Menschen tief verschlungen,
Die der Verstand selbst anerkennen muß:
Der Ruf der Tugend dort – sie fordert Opferungen,
Und hier die Sinnlichkeit – sie dringet auf Genuß.
Getrennt sind diese beiden Mächte;
Und jede fordert Huldigung,
Und fordert sie mit unbestrittnem Rechte;
Doch ringen beide nach Vereinigung.
Und zwischen beide tritt versöhnend
Das hohe Ideal der Götterwürdigkeit,
Das schön und immer schöner krönend
Hinauf führt zur Unendlichkeit.

Wer ist die Glanzgestalt, die uns im Traum des Ruhmes
Hoch über uns erhebt? – Das ist die hehre Spur,
Der Schimmer unsers Göttertumes;
Das ist der Mensch der höheren Natur,

Der Mensch in seiner vollern Würde,
Die uns begeistert und entzückt.
Und darum trauern wir, wenn schwer des Alters Bürde
Zum Staub hinab den großen Menschen drückt;
Wir trauern, wenn so tief der Götterfunken
In jenem Greis erloschen scheint,
Daß er, von seiner Kraft hinweggesunken,
Im Dunkel lebt, und kindisch lacht und weint.
Doch diesem Schatten gegenüber,
Steht Fontenelle[1] da, der ein Jahrhundert trägt.
Wie tönt sein Winterhain, den jede Muse pflegt!
In seiner Seel' ist Licht, ward auch sein Auge trüber;
Vor seinem äußern Sinn erklingt
Nur schwach das Weltgeräusch: was kann's ihm noch gewähren?
Zu seinem innern Sinne dringt
Der Psalm der Ewigkeit im Chor der Weltensphären.
So schön bewährt die Meisterschaft
Des Lebens nur der Mann der Kraft.
Es hat das Alter nichts an ihm zu rächen;
Sein beßrer Sinn war nicht den Sinnen unterthan;
Selbstherrschend in sich selbst, verfolgt' er seine Bahn;
Er hielt die Kraft, die Kraft hält ihn, daß sich die Schwächen
Der grauen Kindheit ihm nicht nahn.

Die ganze Menschheit strahlt in einem Meisterwerke
Der Lebenskunst, die an Vollendung strebt:

---

1 *Fontenelle,* einer der vorzüglichsten und würdigsten Schriftsteller der französischen Litteratur, erreichte ein Alter von hundert Jahren. Unter seinen prosaischen Schriften ist das Werk: *Entretiens sur la pluralité des mondes* mit Recht das berühmteste geworden. Man liest es mit großem Interesse, wenngleich daraus die lebhaften Galanterien hinwegzuwünschen sein möchten, welche sich mit dem ernsten Geist des erhabnen Gegenstandes nicht recht wohl vertragen wollen. Fontenelle genoß bis an das Ende seines Lebens einer vollen körperlichen Gesundheit, sowie einer ununterbrochnen Klarheit und Heiterkeit des Geistes. Wenige Jahre vor seinem Tode empfand er eine Abnahme seines Gesichts und Gehörs. *La modération* – sagt sein Biograph – *en faisant son bonheur, a sans doute contribué beaucoup à sa bonne santé et à sa longue vie.*

Wir sehn bewundernd, wie die Stärke
Das Leben *trägt*, die Kraft es *hebt*.
Du staunst zur Kraft hinauf, *selbst* da, wo sie zerstöret,
Wo sie das Große niederreißt,
Wo sie Gefahren trotzt, und Felsen weichen heißt;
Sie fesselt, wenn sie auch dein ganzes Herz empöret,
Doch deinen Blick und deinen Geist.
Du staunst, wenn Archimed nur einen Standpunkt fodert,
Um selbst den Erdenball zu heben, der ihn trägt;
Du zitterst, wenn empor die Kraft der Seele lodert;
Wenn sie verderbend auf in wilde Flammen schlägt;
Du bebst, wenn Hannibal hoch über Alpenschlünde
Das Schrecken wälzt, das Romas Thoren dräut;
Du schauderst auf, wo Cäsars Eitelkeit,
Zum lauten Zeugen seiner Sünde,
Herab zu seinem Stolz den Glanz der Hoheit riß;
Du schauderst auf, wie vor beglänzten Trümmern;
Du siehst das fürchterliche Schimmern,
Die grause Sichtbarkeit der Sonnenfinsternis.

Beseele diese Kraft mit freier, edler Güte;
Begeistre sie mit stillem Friedenssinn;
Vergöttre sie zur holden Pflegerin
Der reinsten Menschlichkeit, der schönsten Geistesblüte:
O! dann ergreift sie dich, die heilige Gewalt;
Es geht ein Himmel auf vor deinen Blicken;
Es kündet sich dem zagenden Entzücken
Die Tugend an in göttlicher Gestalt.
Ja, sie verließ, um uns dem Himmel zu erziehen,
Einst die ambrosische, geliebte Flur,
Und trug den festern Sinn der Lebensharmonien
In unsre schwankende Natur.

Als noch der Mensch nicht in die Ferne blickte,
Noch, zwischen Zukunft und Vergangenheit,
Dein Augenblick die reife Frucht entpflückte:
Da blühte seine stille Zeit.
O! schuldlos war er nur – nicht weise;

Sein Dasein war ein Kindeslos.
Da nahm – ihm unbewußt – und leise
Die Zukunft ihn der Gegenwart vom Schoß,
So wie den Säugling, noch unaufgerissen
Vom Schoße, der ihn wiegend trägt,
Die Mutter zärtlich, unter Küssen,
Von einer Brust zur andern legt.
Und freundlich, wie das Licht, worin der Tropfen leuchtet,
Der einen Wiesenhalm befeuchtet,
Umgab ihn noch die Einfalt der Natur;
Allein es war sein Los, die Spur
Der Kindeseinfalt zu verscherzen;
Die Wahrheit floh aus seinem Herzen,
Auf seine Lippe kam der Schwur.

Erwacht wie eine neue, schöne Jugend,
Trat auf die wüste Stelle seiner Ruh
Die stille Göttlichkeit der Tugend,
Und bracht' ihm ihre Hoffnung zu.
Die sollte freundlich um sein dunkles Leben,
Worein der Schatten einer Erde fällt,
Wie eine sanfte Luna, schweben,
Mit ihrem Wiederschein von einer Sonnenwelt.
Und, wie das ferne Licht, das eine finstre Höhl
Mit seinem leisen Silberblick erfüllt,
Steht vor der überhüllten Seele,
Vollendung, dein erhabnes Bild!

Und welch' ein Raum von dieses Lebens Grenzen
Bis zu dem höchsten Ziel! wie weit!
Es ist der Weg zu Gott; er heißt Unendlichkeit.
Darf die Vollendung dort herüber glänzen
In dieses Schattenthal der Zeit,
Wo, tief verhüllt und vielgestaltig,
Ein düstrer Geist um lichte Stellen schwebt?
Das ist des Schicksals Macht, die furchtbar und gewaltig
Sich gegen unsre Kraft erhebt.
Und *dennoch* soll der Mensch – mit welchem Grimme

Das Schicksal auch herein in seine Tage bricht –
Des Lebens würdig sein; und wanken soll er nicht
Von dem Gebot der innern Stimme,
Womit ein Gott zu seinem Geiste spricht.
Nach einem Ziele soll er wandeln,
Das höher steht, als seine Zeit.
Ein Mensch zu sein, und wie ein Gott zu handeln:
Wer rettet hier? wer löst den wunderbaren Streit?

Hier rettet die Vernunft, die hehre, gottvertraute.
Hervor aus ihrem tiefsten Leben wehn
Unsterbliche, geweihte Stimmenlaute,
Die hohe Seelen inniger verstehn:
Es muß ein Pfad noch dort hinübergehn!
So lautet die erhabne Sendung
An unsern Geist. Es ist der Pfad,
Auf welchem sich die Tugend der Vollendung,
Vollendung sich dem Frieden naht.
Je mehr die Seele sich emporringt zu dem Frieden,
Des höhern Lebens sich bewußt zu sein:
Je tiefer dringt sie schon hienieden
Ins Göttertum der Seelen ein.

Das Göttertum der Seelen hat begonnen!
Mein höchstes Leben weihe sich!
Und ihr, o kommt, ihr feierlichen Wonnen
Des großen Heils, kommt über mich!

Ich schreite fort zur höhern Friedensfeier.
Auf! mein gefühltester Gesang,
Begleite du, geweihter Sohn der Leier,
Mit Siegestönen meinen Gang!

Hier liegt die Spur von meinem Morgentraume,
Der Punkt, den diese Sonn' erhellt.
Der Geist bedarf kein Heil von diesem Raume;
Sein Fried' ist nicht von dieser Welt!

Die Welt stößt unser reinstes Leben
Von ihrem Frieden kalt zurück;
Die Unschuld seufzt, und wir erheben
Zu einer Nemesis den Blick.
Wenn harte Tage schwer um heil'ge Stellen ziehen:
Dann drängt sich jener Glaub' an unser Herz, und hält
Uns seine Bürgschaft vor aus einer fernen Welt,
Ans einer Welt der Harmonien,
In der das Würdige den Feierkranz erhält.

Sieh dort die Unschuld hin durch ihre Blumen schweben!
Wird keine Gottheit sich zu ihrem Schutze weihn?
O, möge doch das Schicksal ihr ein Leben
Aus Rosenluft und Abendstille weben!
Sie fürchtet nichts, ihr Herz ist ja so rein;
Sie ist so selig, wenn sie unbefangen
Hinaus zu ihren Menschen geht;
Sie ist so heilig, wenn, mit Lächeln auf den Wangen,
Sie vor dem finstern Hasser steht;
Sie hört noch nicht das giftige Gezische,
Das näher schon durch ihre Blumen rauscht;
Sie ahnet nicht die Schlang' im Dorngebüsche,
Die tückisch ihren Gang belauscht.
Das Unheil naht! Ach! wehrt kein Engel? Schone! schone! –
Die Schlange bricht hervor durch das Verhüllungslaub!
Der Sykophant erscheint! die Unschuld wird sein Raub!
Er reißt von ihrer Stirn die zarte Rosenkrone;
Er tritt sie nieder in den Staub!
Und weinend hängt dein Blick am teuern Raube;
Zu einem Himmel seufzest du hinauf!
Sucht dieser Seufzer nicht, weit hinterm Erdenstaube,
Da stille Land der Unschuld auf?
Unwiderstehlich dringt der Glaube
An eine Geisterwelt sich deinem Herzen auf.

So ringe dich empor, den Glauben zu umfassen,
Den Mittler zwischen dir und einer Götterwelt!
Ihn, der nie *dich* verläßt, ihn könntest *du* verlassen? –

Wenn du die Frevelthat verdammst:
Dann *glaubst* du, Freund, an einen Himmel;
Wenn du für Recht und Wahrheit flammst.
Dann *lebst* du schon in einem Himmel.
Tritt hin vor eine That, die selig dich ergreift!
Schau, wie der Seelenflug kaum an dies Leben streift;
Und wenn du vor Entzücken trauerst,
Und wenn es weihend dich, wie Gottheit, überfällt:
Dann heiligt dich dies Graun; du schauerst
Vor deinem eignen Geist, vor deiner innern Welt.

Es *muß* ein höchster Geist den Geist der Tugend ehren,
Die er so himmlisch uns entgegenführt,
Wenn nicht umsonst der Sinn für Recht so tief uns rührt;
Zu einer höhern Welt muß noch der Mensch gehören,
Wenn um das Leben nicht das Dasein uns betrügt;
Und die Vernunftwelt ist, wenn die Vernunft nicht lügt.
Und lügt sie: dann ist selbst mein Dasein eine Lüge –
Durch die Vernunft nur bin ich, was ich bin –
Mein heiligster Beruf ist leer und ohne Sinn.
Je höher mich die Kraft des innern Lebens trüge,
Je tiefer sänk' ich nur dahin. –

Fürwahr, der Mensch ist hoch erkoren.
Der Ruf zur Pflicht ist Ruf zum Himmel, ist ein Schwur,
Womit die Ewigkeit uns Dauer zugeschworen,
Hier bei dem feiernden Altare der Natur.
Ja, dem Gewissen ist ein hohes Wort gegeben;
Es spricht: – »Der Götterwelt, o Mensch, gehört dein Leben.« –
Dies Dasein ist ein sinkendes Geschwätz,
Das am Cypressenhain verklinget;
Zu einem Leben, das sich höher schwinget,
Ruft uns im Innersten ein heiliges Gesetz.

Voll Ernst ist das Gesetz, das auf Vollendung dringet,
O, furchtbar Ernst in seiner Majestät!
Doch sieh! welch' ein Triumphzug naht von ferne!
Der Sieg, die Tugend ist's, mit Kränzen überweht.

Es wandeln Grazien – wie Sterne
Vom Sonnenlicht umglänzt – in ihrem Wiederschein.
Urania verläßt den großen Strahlenhain
Von Sonnen, welche sie umblühen,
Verläßt die Sphärenmelodien,
Und mischt sich in den Zug der Tugend ein.
Dahin laß uns den Blick, dahin den Geist uns wenden!
Wir *dürfen* uns der hohen Weihung freun.
Das Himmelspfand in unsern Händen
Ist – eines Himmels wert zu sein.
So ist schon hier die Seligkeit geboren;
Dem Frommen ist erfüllt, was ihm sein Gott verhieß;
Nur die Verlornen, sie verloren
Für diese Welt ihr Paradies.

So steh' dann auf von diesem Schattenspiele,
Das, wie ein Leben, durch das Leben zieht!
Verlaß den Trümmerbau der Eitelkeit, und fühle,
Was über sie erhebt, und was mit ihr entflieht!

Roms Söhne fielen in die Ketten
Der Sklaverei vor ihrem Cäsar hin.
Es trat der letzte Römersinn
In Brutus auf, sein Volk zu retten;
Doch er erliegt, und flucht im Fall noch einen Strom
Von wild empörten Lästerungen
Der Tugend ins Gesicht. Sein Rom war ihm entrungen.
O, Brutus! heißt die Tugend Rom?[2]
Bedarf sie eines bald erloschnen Strahles
Vom Glanz des Erdenglückes? Nein!
Hier konnte – durfte nicht ihr Götterhimmel sein;
Nur ihren Tempel schmückt der Frühling dieses Thales.

---

2   Als Cäsar Rom unter seine Herrschaft zwang, und Brutus im letzten Kampfe für die Freiheit seines Vaterlandes überwunden war, rief er anklagend aus: »O, Tugend! ist das dein Lohn?«

Wie ein Werk Gottes, still und groß,
Erhebt die Tugend sich in ihrer eignen Würde.
Was auch des Schicksals Hand auf ihre Tage bürde:
Sie reißt sich kühn von niedern Banden los.

Das Schicksal waltet im Naturgebiete,
Und die Natur geht schweigend ihren Pfad,
Nährt hier ein Giftgewächs und eine Frevelthat,
Bricht dort ein Engelherz und eine zarte Blüte.
Notwendigkeit ist das Gesetz der Welt,
Worin der Wahnsinn lebt, und Hehras Leben fällt.
Sie trägt so gut den Narrn, der ihre Blumen *pflücket*,
Wie den geweihten Mann, der seinen Kranz *erwirbt*.
Der graue Sünder lebt; ein Steingewächs erdrücket
Die Lebenskraft, und Büffon[3] stirbt.
Es sinkt der Mensch, der wie ein Gott gehandelt,
Wenn eine Fiber stockt, ins Grab.
Die Wolke forscht nicht, ob die Unschuld unten wandelt:
Sie schüttet ihren Blitz herab.

Die Welt hat nur die Welt zu geben;
Der Hunger weidet hin durch ihre grüne Flur;
Das innre, geistige, geheimnisvolle Leben,
Genährt von Himmelstau, schlägt seine Wurzel nur
In das Gebiet vergänglicher Gestalten.
Da drängt es ringend sich hervor
Aus der Umfangenheit von irdischen Gewalten,
Und trägt sein Kronenhaupt wie ein Triumph empor.

Gewaltig kämpft und drängt das Würdige, das Große,
Zum Leben sich herauf. Ein Hauch entküßt dem Schoße
Der Dunkelheit die Blum', er küßt den Halm hervor;
Nur eine laue Nacht, und Haine blühn und Fluren.
Aus grauser Tiefe tritt das Hohe kühn hervor;
Aus harter Hülle kämpft die Tugend sich hervor;
Der Schmerz ist die Geburt der höheren Naturen.

---

3   *Büffon* starb an dem schmerzhaften Übel, die Grieskrankheit genannt.

Dem Menschen lächelt noch der mütterliche Blick
Der irdischen Natur, und milde Sterne walten;
Doch *wie* nun wird sich ihm das innre Sein entfalten? –
Am Lebenseingang steht das treibende Geschick.
Sie braust daher, des Schicksal finstre Stunde;
Sie reißt die Well' empor, sie jagt das Leben auf;
Sie wühlet stürmend, was im Grunde
Der Flut verborgen liegt, herauf.
Nicht jeder Fluß trägt Gold im Sande;
Der über nackte Kiesel rollt,
Wirft Kiesel aus am Uferrande,
Der über Goldstaub woget, Gold.
Dein Garve, Freund, spricht, mitten in dem Krampfe
Der Schmerzen, freundlich, wie die Huld,
Und siegend, wie die Weisheit, von dem Kampfe
Und vom Triumphe der Geduld.
So frei ist sein Gemüt, so stumm ist jede Klage
Der leidenden Natur; so stumm,
Als lägen hinter ihm die martervollen Tage,
Als säh er lächelnd sich nach ihnen nur noch um.
Dem Mann – und sucht' ihn auch die Sonne
Im Hüttendunkel auf – ihm biete kein Tyrann,
Es biete keine Macht ihm Ketten an!
Ihn schreckt das Elend nicht, bethört nicht Lebenswonne.
Wer mit dem klaren Sinn des unbefangnen Blicks
Den bunten Markt des Lebens überschauet,
Und seinen Frieden nicht dem Launenspiel des Glücks,
Nicht sein Unsterbliches Vergänglichem vertrauet:
Der ist ein Lebensheld, ein Sieger des Geschicks.
Heil dem geweihten Geist, der so sich aufermannet!
Verbannt ein Nero ihn: der feige Wüterich
Verbannet *ihn* nicht, er verbannet
Aus eines Gottes Nähe – *sich;*
Für ihn, den Hohen, hat kein Schwert mehr eine Schärfe;
Die Schuld nur hat das Recht, uns weh zu thun:
Der Weise wird – wohin das Schicksal ihn auch werfe –
Mit seiner Tugend sein, bei seiner Unschuld ruhn.

335

Da, wo die Unschuld ruht, und von der Luft umgeben,
In der sie wandelt, fühlt der Sünder, was er ist. –
»O, Tugend!« seufzet tief Elpinors innres Leben –
»Daß du so himmlisch und so schrecklich bist!« –

Der letzte Tageslaut verklang in dunkler Ferne;
Still wandelte die Nacht durch die Natur;
Wie Augen Gottes, sahn die Sterne
Des Himmels nieder auf die Flur:
Da schlich Elpinor, wie zum Raube
Der Tiger schlicht, zur Rosenlaube,
Wo Holdys Engel wacht – und fort
Aus der Natur scheint aller Zwist geschieden;
Doch spricht ihr leises Friedenswort
Ins tobende Gemüt Elpinors keinen Frieden;
Sein Innres brütet Unschuldsmord.
Er naht der Laube sich, wo durch das dunkle Schweigen
Ein ahnungsvoller Schauer rann:
Da weht es ihn, aus Holdys Rosenzweigen,
Wie seufzendes Geflüster an.
Er horcht – die Fromme betet für das Leben
Der Mutter, deren Trost und Pflegerin sie war,
Und sieh! vor diesem frech entheiligten Altar
Ergreift den Sünder jetzt ein nie gefühltes Beben.
Ein Glanz der stillen Nacht durchzuckt den Fruchtbaum-Wald.
Da schimmert durch die Laubenranken,
Die hin und her im Abendwinde schwanken,
Die schöne, betende Gestalt.
Die Zweige, die den kleinen Tempel decken
Wo fromm und heilig Holdy kniet,
Sie drohn dem Wüstling Gottes Schrecken;
Zur Hölle wird um ihn die Gegend; – er entflieht.

Das Laster flieht zu seinen Finsternissen,
Wenn sich die Tugend naht. Was ihren Blick umflammt,
Ist ein erscheinendes Gewissen,
Das schweigend den Verworfenen verdammt.
Und nieder schlägt er vor dem Schweigen

Der Heiligkeit und Wahrheit seinen Blick.
Der gräßliche Tiber[4], nie kehrt er zu den Zeugen,
Die seine Schande sahn, zurück.
Der Sünder fühlt zu tief, daß in dem hehren Blick
Der Tugend sich ein Gott verkünde;
Ja, wenn sie längst schon, trauernd und verhüllt,
Aus einem Leben floh: dann hängt ihr helles Bild
Noch im Gefühl, und blitzt durch das Gebiet der Sünde,
Wie eine Glanzgestalt durch das Gebiet der Nacht.
Sie ist's, die schaudernd auf in Alexander wacht,[5]
Wenn er den Mantel auf die Wunde
Des von ihm hingewürgten Persers deckt,
Der, würdiger, als er, aus seiner Todesstunde
Verzeihend noch die Hand nach seinem Mörder streckt.
Wir sehn den fürchterlichen Überwinder,
Der, mitten im Triumph, der jauchzend ihn umstürmt,
Wie angeschreckt von Gott, die Gattin und die Kinder
Darius' – vor sich selbst – mit seinen Armen schirmt.
Das ist die Kraft, vor welcher zitternd
Die Heuchelei verhüllt ihr Opfer niederlegt;
Das ist die Kraft, womit erschütternd
Der hohe Mensch Tyrannen niederschlägt.
O, neige dich, Tyrann! vor einem Geist, der stärker,
Der mächtiger, als du, sein eignes Leben schafft!

4   *Tiberius,* Roms tyrannischer Gebieter, vermochte die Heuchelei nicht durchzusetzen, mit welcher er seine schreckliche Regierung begann. Von Laster zu Laster fortgerissen, floh er endlich von dem Gespenste seiner Schande nach der einsamen Insel Capreä, setzte dort seine Greuelthaten fort, und kam seitdem nicht mehr nach Rom zurück.

5   Es ist bekannt, daß Alexander die Mutter, die Gattin und die Kinder des, von ihm überwundenen, und von verräterischen Persern getöteten Darius, gegen die Sitte der damaligen Zeit, mit wahrhaft königlicher Huld in Schutz nahm. Indes spricht diese Milde den Alexander nicht los von der Mordschuld gegen den persischen Monarchen, der, nach dem Zeugnisse der alten Schriftsteller, der gerechteste, würdigste Regent seiner Zeit war, und den Krieg Alexanders gegen Persien nicht herbeigeführt hatte.

Dein Thron ist ein erhöhter Sitz im Kerker;
Du hast *Gewalt*, die hohe Seele *Kraft!*

Ja, mächtig ist der Glaub' an Tugend, dem die scheue,
Von ihm ergriffne, Schuld vergebens widerstrebt;
Und, o wie fürchterlich! wenn die Gestalt der Reue
Vom Lager der Verzweiflung sich erhebt,
Auf daß im Unrecht selbst das Recht sich uns verkünde:
Das ist der Gottesdienst, womit die Sünde
Die Tugend feiert, und erbebt.
Auch was in zartern Seelen lebt,
Erfüllt oft das Gemüt mit jenem Wehmutschauer,
Der, wie ein Ahnungstraum, ins innre Leben tritt:
Die Psyche brachte diese sanfte Trauer
Vom Scheidekuß der Götter mit

Den frevelnden Odin verfolget dieser Glaube;
Er wandert durch den Wald; um ihn ist Nacht; er lauscht,
Und horcht erschrocken auf, wenn tief im finstern Laube
Ein unsichtbares Leben rauscht.
Was flatterte? – Die Unschuld einer Taube
Jagt Todesschauer ihm ins Ohr.
Ihn faßt ein pressendes Gezitter;
Aus schwarzen Grotten tönt es, wie ein Fluch, empor;
Es ist, als murmelten ihm schlafende Gewitter
In Träumen ihre Donner vor.
Was macht die Phantasie zum finstern Zauberwerke,
Die Furcht zum Nachtgespenst, das aus den Büschen klagt,
Und auf den Hügeln wankt? Was ist es, daß die Stärke,
Die keinen Gott bedarf, ihm ihren Mut versagt,
Daß er vor luftigen Phantomen zittert?
Vor welchem Graun entflieht der prahlerische Spott? – –
Es ist die Geisterwelt, die mächtig ihn erschüttert;
Ihn schrecken Tugend an, Unsterblichkeit und Gott.

Die sanftern Ahnungen der Geisterwelt begleiten
Des innern Lebens Harmonie.
Zu Himmelsgeistern werden sie

In dem Gemüte, das sie weihten.
Sie sprachen uns mit leiser Sympathie
Im Blick der Unschuld an, die, gleich dem reinen Taue
Der neu besproßten Morgenaue,
Noch unbefleckt am jungen Leben hängt.
Wie heilig ist die Welt, wo in dem zarten Kinde
Die reine Menschheit dich umfängt!
Sieh deine Mali –! Noch hat nicht die Welt der Sünde
Sich zwischen sie und Gott gedrängt.

O, mög' es in der Brust des Sünders warnend schlagen,
Der sich mit frechem Thun dem zarten Knaben naht!
Der Kindesreinheit fehlt das Wort, ihn anzuklagen;
Ihr heil'ger Blick verurteilt seine That!
Und, weh! kein Gott vermag, ihn zu erstatten,
Den süßen Morgentraum aus einer Friedenswelt,
Der vor dem Schatten flieht, vor jenem schwarzen Schatten,
Der von des Sünders Haupt ins junge Dasein fällt.
Um unser Leben wandeln Kinder,
Wie stumme Engel hin, an Lieb' und Unschuld reich;
Der göttliche Prophet, der große Heilverkünder
Gebeut uns: »Werdet Kindern gleich;
Denn ihrer ist das Himmelreich.« –
Vergebens strecken sich – ist er einmal geschieden,
Der zarte, reine Kindessinn –
Die Arme nach ihm aus, nach seinem süßen Frieden;
Der Engel ist entflohn, sein Himmel ist dahin! –
Die Frevlerin dort hört die Wetterwolke schelten;[6]
Sie faßt ein Kind, und wähnt sich heilig überschirmt. –
Du, Unschuld, reiner Strahl aus bessern Welten,
Um dich ist Ruh', ob auch das Leben draußen stürmt!
Wer aber kann vom Graun der finstern Schuld befrein?

---

[6] Montespan, des vierzehnten Ludwigs Maitresse, fühlte die Verschuldungen, welche ihr Gewissen belasteten, nie stärker, als wenn ein Gewitter am Himmel heraufzog. Mit Angstschweiß übergossen, riß sie ein Kind auf ihren Schoß, und glaubte durch dessen Unschuld gegen die zürnenden Blitze des Himmels gesichert zu sein.

Ein heiliges Gemüt ist Licht im dunkeln Hain;
Wo Engel sind, ist Gott; und reine Seelen weihen
Den Himmel erst zum Himmel ein.

Der Glaub' an Tugend ist die sanft Purpurstelle,
Das frische Morgenrot der neuen Tageshelle,
Das unsern innern Tag ergänzt,
Und leuchtender an schönen Seelen glänzt.

In dieser Glorie stand Hehras Seelenleben,
Wie eine selig heitre Flur,
Um welche Friedensgötter schweben.
Da war, von Ruh' und Harmonie umgeben,
Nur Heiligung die waltende Natur.
Wo Hehra wandelte, da weihten
Die Grazien der Huld den lieblichsten Altar.
So wußte sie um sich den Himmel zu verbreiten,
Und wußte nicht, daß sie ein Engel war,
Der, selber nichts verschuldend, nichts bereuend,
Mit einem Blick, den holdes Mitleid näßt,
Sich dem Gefallnen naht, und sanft und schön verzeihend,
Auf seinen Fehl den Schleier fallen läßt.
Ihr Rückschaun war ein seliges Erinnern,
Das, wie ein stiller Gott, vor ihrem Geiste stand,
Wenn ihre Ruhe sie in sich, in ihrem Innern,
Ihr Leben nur in andern fand.
Wenn grause Stürme sich durch ihre Tage rissen:
Sie war ihr eigner Stern im Graun der Finsternis;
Denn jegliches Gefühl war ein Gewissen,
War eine heitre Nemesis.
Wo taumelt eine Seele durch Gefilde
Der Lust, um die Betäubungsdüfte wehn?
Sie schau' in dies Gemüt! sie wird an Hehras Bilde
Nicht ungerührt vorübergehn.

Kind der Lust, du leicht beschwingte Seele,
Die durch lauter Rosenhaine fliegt!

Dein Gefühl ist eine Philomele,
Welche sich auf vollen Ästen wiegt.

Zaubermächtig singen alle Räume
Deines Lebens deinen Frieden ein;
Deine Tage sind entzückte Träume;
Du erwachst, – und bist mit dir allein!

Rausche fort in bunten Wirbelreigen:
Nahe bleibt der Gott, den du entfernst!
Schaue! hinter deinen Rosenzweigen,
Da, da steht des Lebens hoher Ernst!

Was erheben soll, will nicht berauschen;
Wie ein Geist in stiller Finsternis,
Wird ein heilig Wesen dich belauschen:
Fliehe nicht vor deiner Nemesis!

[7] Was leitet unsern Geist, wenn seines Pfades Krümme   340
Sich drängend hin durch Labyrinthe flicht?
Es ist die Nemesis, die wunderbare Stimme,
Die aus der Geisterwelt zu ihm herüber spricht,
So siegend spricht, daß er nicht widerstehen,
Daß sich das Herz ihr nicht verschließen kann.
Befremdet hört die Sinnlichkeit sie an;
Und zagend schaun wir zu den Höhen,
Wohin die Stimme ruft, hinan;
Sie zeuget furchtbar laut von ihrer hohen Sendung,
Und fordert und verbürgt die ewige Vollendung,
Das große, wunderbare Sein,
Wo jene freiern Seelen wohnen,
Die sich mit unbefleckten Kronen
Der Heiligkeit des nächsten Himmels weihn.

---

7   *Nemesis,* eine geheimnisvolle, dunkle Gottheit, welche die verborgensten
    Frevel bestraft. Im Menschen ist ihr Repräsentant das Gewissen.

Oft steht, uns mächtiger empor zu schüttern,
Weg-weisend ein erhabnes Leben auf,
Wie eine Gottheit in Gewittern.
Wir stehen da, wir schaun entzückt, allein mit Zittern,
Zur Tugendmajestät hinauf.
Voll Hoheit, und doch mild, ging ihr Gestirn einst auf,
Der größre Sokrates der Christen;
Er riß aus Trug und Wahn und aus der Erde Lüsten
Das hingetäuschte Volk herauf.
Erhaben ging er durch die Jubelrufe,
Wie durch den Priesterhaß, der lauernd ihn umschlich,
Mit einem Mut, der, selbst nicht vor der letzten Stufe
Zum Todeshügel, von ihm wich.
Sieh, welche Freiheit waltet um den Hohen!
Er fürchtet nicht den Haß der frevelhaften Macht.
Weiß er's, daß ihm so nah die Todesqualen drohen?
Wie stürzen hinter ihm und vor ihm die Heroen
Mit ihren Thaten in die Nacht!
Konnt' er vor einem Erdgewitter beben?
Nichts fürchten und nichts achten konnt' er! – Nur
Sein großes Ziel vermocht' er zu erstreben;
Ein Weihaltar war sein erhabnes Leben,
Auf den herab die Flamme Gottes fuhr.

Flamme Gottes ist die Weihung,
Die um große Seelen schwebt,
Und zur kühnen Selbstbefreiung
Jede Kraft des Geistes hebt.

Mag das wilde Schicksal walten:
Die erhabne Seele ruht,
Unter drängenden Gewalten,
Fest auf ihrem Göttermut;

Ringt sich auf vom Druck der Wolke,
Den ihr Flügelschlag besiegt,
Wenn auf dem betäubten Volke
Zürnend das Gewitter liegt.

Wer, in solcher Hoheit thronend,
Kühn es wagt, sein Gott zu sein,
Und, im eignen Himmel wohnend,
Keinen Himmel anzuschrein:

Den umfesseln Zaubergaben
Eines reichen Zufalls nicht.
O, der Freie trägt erhaben
In der Brust das Weltgericht!

Sechster Gesang

Es waltet demnach eine zweifache Natur im Menschen; und in dieser Beziehung lebt er für zwei Welten: für die Sinnenwelt und für die Geisterwelt. In jener entwickelt er sich als Naturwesen; in dieser reift er durch sittliche Freiheit zur sittlichen Freiheit. In jener ist er leidend; in dieser gilt seine That.

Daß er mit einer Kraft zu freierer That ausgerüstet sei, beweiset im allgemeinen seine Fähigkeit, dem Zusammenleben und den Wechselverhältnissen seiner Gattung eine Verfassung zu geben. Roms Freiheit ging aus der Freiheit des Römers, nicht diese aus jener, hervor; und mit dieser sank jene darnieder. Die neuesten Erscheinungen einer blutigen Anstrengung menschlicher Kräfte deuten mächtig den innern Freiheitssinn an; sie offenbaren aber auch zugleich den Mißbrauch seiner Kraft, die sich von Leidenschaften fortreißen läßt. Der Abfall in die Gewalt der Leidenschaft setzet die Freiheit voraus. Wie weit wir in der Geschichte umherschauen mögen: wir finden uns überall in einem Gedränge schaudervoller, von niedern Antrieben herbeigestürmter, Begebenheiten. Und dennoch empört uns das Gewöhnliche; und doch träumen wir von dem, was unerreichbar ist. Aber hierin vernehmen wir die Stimme der gebietenden Vernunft, die uns zur sittlichen Freiheit beruft, und im innersten Bewußtsein uns auffordert: das unverbrüchlich zu thun, was *recht ist*. Der römische Augustus, und Philipp von Spanien, der sehr lebhaft an den Tyrannen der neuesten Zeit erinnert, waren beide mehr oder minder glückliche Völkerunterdrücker, beide aber auch zugleich verbrecherische Sklaven ihrer Herrschbegierde. Arm und niedrig, ob sie auch einen Thron erränge, ist die List: erhaben und reich die Weisheit, oder das, dem Drange niedriger Antriebe widerstehende, freie Gemüt. Nur dieser Freiheitssinn ist vervollkommnungsfähig. Besonders im Kampfe mit den Widerwärtigkeiten des Lebens, wo Versuchungen reizen, und rauhe Begegnisse schrecken, bewährt sich diese Freiheit. Man denke sie sich aus dem Wesen des Menschen hinweg: so erscheinet in ihm ein Geschöpf, welches nicht ein Rätsel, sondern ein Widerspruch ist mit sich selbst. Von den Forderungen der Tugend darf keine Rede mehr sein, und der Mensch tritt in dieser Vorstellung auf eine Tierstufe herab, wo der Instinkt ihm entzogen ist, der doch dem Tiere zugute kommt. Das Tier irrt nie, gleich dem Menschen, der, von Außendingen und innern Anregungen gedrängt, hin und her schwanket: ein Schwanken, welches sich in seinen bessern Entschlüssen, wie in seinen Mißwahlen, offenbaret.

Sein Dasein ist ihm in seine Hände gegeben: er kann es von sich werfen – ob er es solle: ist eine andere Frage, deren Erörterung nicht hierher gehört – er kann es, weil er Mensch, weil er frei ist. Eine Thatsache der höhern Freiheit ist der Sieg, der für die Sache des Rechtes über die stärksten Naturgefühle, und selbst über den mächtigen Lebenstrieb errungen wird. Die mit der Vernunft in Einstimmung gebrachten sinnlichen Neigungen sind eine liebliche Begleitung unsers Wandels: aus dieser Eintracht allein tritt das wahre Leben, das Leben der Freiheit hervor, welches nicht gänzlich untergehen kann; seines Daseins Spuren mögen im Gemüte unterdrückt, aber nie vertilgt werden: sie kommen in den Augenblicken der zurückgewonnenen Ruhe wieder zum Vorschein. Von der Höhe der Geistesfreiheit herab, wie klein, wie nichtig erscheint aller Prunk der Zufälligkeiten des Lebens! Diese Freiheit ist es, die den Menschen, wenn er, den erhabensten Auftritten der Natur gegenüber, wie in ein Nichts sich verliert, kräftig erhebt. Erhebung ist das Wesen der Vernunft; und so wirft sie einen Siegerblick auf das sinkende Dasein zurück, und umfaßt ihren Glauben, der die Tugend zum höheren, freieren Dasein hinübergeleitet. 344

Freiheit. Wiedersehn

Auf dieser Höhe, Freund, laß endlich deinen Späher
Vom Diesseit noch einmal ins heitre Jenseit schaun,
Dem müden Wandrer gleich, der, seinem Ziele näher,
Vom letzten Hügel blickt nach zwei bekränzten Aun!
Auf dieser Höhe, wo der Weg sich scheidet,
Wo die Vergötterung des Zufalls sich entkleidet:
Hier ist es, wo das Reich der freien Kraft beginnt.
Mag die Naturwelt dort an Not und Zwang erinnern:
Die Welt der Freiheit trägt der Mensch in seinem Innern;
Und Tugend ist der Freiheit Götterkind.

Dort ist der Mensch ein Blatt, das sich entfaltet,
Und grünt, und willenlos zerfällt;
Hier eine Kraft, die selbstgebietend waltet,
Der Bürger einer Geisterwelt.
Zwei Welten schlingen dann den wunderbaren Knoten
Des Rätsels, das verhüllt in unserm Wesen liegt;
Und von der Welt der Kraft, zum Ringen aufgeboten,
Bewähret sich der Held, ob er auch schwankend siegt.

Im Götterhimmel nicht, nur im Gebiet der Sünde
Stellt sich die Tugend uns in ihrem Glanze dar.
Die Ruhe weicht dem Zwist, daß sich die Kraft verkünde;
Des Zwanges Druck macht uns die Freiheit offenbar;
Er reißt uns in den Streit, aus welchem immer freier,
Und immer siegender, die Kraft des Geistes tritt;
Des Feindes Macht verherrlicht erst die Feier
Des Sieges, den der Held erstritt.

Wir sind nicht, um zu sein; wir werden, um zu werden.
Die Ströme rauschen fort; die Sonnen und die Erden,
Sie gehn nach ewigen Gesetzen ihren Pfad.
Kein Wollen dort – sie sind. Im Menschen lebt ein Wille;
Er selbst ist sein Gesetz, ein Sohn der eignen Fülle;
Er ist durch die Natur, und *lebt* durch seine That;

Wir werden das, was wir zu werden lernten;
Der Mensch ist seine Frucht aus seiner eignen Saat;
Was Menschen säen, werden Götter ernten:
Gott spricht durch seine Welt, der Mensch durch seine That.

Drum, wo wir stehn: wir stehn an einer heil'gen Stelle,
Die zu dem seligen Beruf uns weiht,
Zu schöpfen aus der reinen Quelle
Der freien Lebensherrlichkeit.
Die Quelle wird zum Strom, und was an ihm gedeiht,
Zum Leben hier gedeiht, geht nicht in ihm verloren;
Er trägt es hin zu einem sichern Port. –
Vermittlerinnen sind die Horen.
So wunderbar wird aus dem *Hier* das *Dort*
Mit Mutterähnlichkeit geboren.

Das Dasein ist ein unbebautes Land,
Vom Lufthauch überweht, vom Sonnenstrahl umlodert;
Und diese tote Wildnis fodert
Das Leben erst von unsrer Hand.
Wer Dasein nur begehrt, den ruft vergebens
Der laute Stundenschlag zum heiligsten Gewinn;
Er lebt vom bloßen Pflichtteil seines Lebens,
Und giebt die volle Erbschaft hin.
Er schleppt, des Staubes Unterjochter,
Ein wenig Staub, durch Raum und Zeit.
Nur Thätigkeit, entschloßne Thätigkeit,
Die heitre, freie Lebenstochter,
Sie hält ihn fest, den Geist der Stunden, die entflohn.
Wie jene Göttin ihren Sohn,[1]
Taucht sie das Leben in die Fluten
Der weihenden Unsterblichkeit;

---

1 *Thetis*, eine Tochter des Meergottes Nereus, Vermählte des Königs Peleus, tauchte ihren Sohn Achill in die Fluten des Styx, wodurch er, bis auf die Ferse, an der sie ihn beim Untertauchen hielt, unsterblich und unverletzbar wurde. Im trojanischen Kriege erhielt er gerade an dieser Stelle eine Wunde, und starb.

Sie macht zur Ewigkeit die Zeit,
Und rettet sterbende Minuten.

So laß dann in der Gegenwart
Die hehre Zukunft uns umfangen!
Sie waltet hier schon, wo die Seele, noch befangen,
In einem engen Kerker harrt,
Der höhern Freiheit harrt, zu welcher wir berufen
Und innig eingeweiht sind;
Der Freiheit, welche hier auf den Vollendungsstufen
Der Erdenpilgerschaft beginnt.
Zum freien Manne *reift* das Kind.

Einst herrschte wild der Trieb; er brauste durch die Kreise,
Durchs immer weitere Gebiet des Lebens hin,
Und der Instinkt gebot; doch regte leis' und leise
Sich in der Willkür schon der sanftre Menschensinn.
Und aus der Willkür trat der Wille,
Der Mensch mit der Vernunft, der freie Mensch, hervor,
Der Wildnis gleich, die sich vor ihm in eine stille,
Sanft aufgeblühte Flur verlor.
Da ward das Recht. Es stieg empor zum Throne;
Wie ein Gewissen, sprach's zum Volke dort herab;
Und die Vernunft gebot: sie war es, die die Krone
Der Majestät dem Rechte gab.
Nun ward es hell in jenen dunkeln Thalen,
Wo die Vernunft den wilden Trieb besprach;
Sie war das Licht, das sich in tausend Strahlen,
In tausend Wunderfarben brach.

Die freie Geisteskraft, die ringend sich entfaltet,
Erstrebt' in Rom ein andres Ziel,
Als das, wonach Karthago sich gestaltet.
Der Stier lebt' einst, wie jetzt; am Euphrat, wie am Nil.

Schau hin nach jenen hochberühmten Trümmern
Des Kapitols! Da trauert längst verwaist
Von Tagen, die nicht mehr den Erdkreis überschimmern,

Ein furchtbar riesenhafter Geist.
Wir fühlen noch ein schreckliches Erinnern;
Allmächtig faßt er uns in jeder großen That;
Vom Menschen ging er aus, von seinem Innern;
Und strahlte nur zurück aus seinem Römerstaat.
Erfüllt, ergriffen war von ihm die ganze Seele.
So stürzt ein Curtius[2] sich in die Flammenhöhle;
So geht ein Regulus[3] – was auch Karthago droht –
Er geht, daß er das Wort des Römers nicht verletze,
Treu seinem innersten Gesetze,
In einen schaudervollen Tod.
Roms Hoheit sank, wie die, von Gift befallne, Blüte;
Und frei zu sein, zu frech, zu niedrig, zu verrucht. –
Die Freiheit flieht den Markt, und weihet im Gemüte
Des Weisen ihren Thron, wenn sie die Welt besucht.

Doch, was empört ein Volk, dem Herrscherthron zu fluchen?
Was reizt die Wut, daß sie das Heiligste nicht schont,
Daß sie das graue Recht entthront?
Die Freiheit, die wir draußen suchen,
Und die in unserm Innern wohnt.
O Gallien, du hast umsonst geschworen,
Ein freies Volk zu sein! umsonst gestürzt den Thron!

---

2   Die Erzählung des Livius, daß sich *Curtius,* zum Opfer zürnender Gottheiten, in die Pesthöhle gestürzt habe, welche mitten in Rom ihren Schlund aufriß, strahlt wenigstens den Charakter der Energie des Römers zurück; und insofern liegt darin eine symbolische Wahrheit.

3   *Regulus* war in dem Kriege Roms gegen Karthago in die Gefangenschaft geraten. Mit einer krathagischen Begleitung wurde er nach Rom gesandt, um von seinen Mitbürgern den Frieden für Karthago zu bewirken. Er mußte zuvor feierlich versprechen, wenn er den Frieden nicht bewirkte, in die Gefangenschaft zurückzukehren. Es kam in Rom an; aber weit entfernt, zum Frieden zu raten, forderte er die Römer vielmehr eifrig auf, den Krieg fortzusetzen. Er sahe voraus, welches Los ihn treffen würde, wenn er nach Karthago zurückkehrte, aber er hatte sein Wort verpfändet; er ging zurück, und überlieferte sich dem martervollsten Tode.

Die Freiheit, welche du zur Göttin dir erkoren,
Aus nervenloser Brust war sie schon längst entflohn!

Vollendet waltet sie in jenem Urgebilde,
Das vor der Ahnung schwebt; und unser Geist empfing
Nur einen leisen Strahl aus ihrem Lichtgefilde,
Der, wie ein Mond, hier auf in unserm Leben ging.
Dort leuchtet sie aus ihrer höchsten Fülle,
Wie auf ein weites Meer das Sonnenlicht, herab.
Auf diesem Meer – es ist des Menschen Wille –
Wogt Tod und Leben auf und ab.
Sanft wallend nimmt es das, mit dem azurnen Schleier
Umwebte, Bild des reinen Himmels auf;
Dann aber steigen Ungeheuer
An seinem tiefen Schoß herauf.
Weit schattende Gestalten schreiten
Aus diesem Meer hervor – es sind die Zeiten –
Sie treten auf: hier Altes zu erneun,
Dort neues Heil und Unheil auszustreun.
Bald säuseln sie durch die Olivenblätter,
Die aus des Friedens Kranz holdselig niederwehn;
Bald rauschen sie dahin, wie dunkle Todesgötter:
Und Völker müssen untergehn.

Ich schau' hinaus – und, ach! von öden Fluren
Begegnet meinem Blick ein dunkler Geist,
Ein Schatten, welcher Elend heißt,
Ein Nachtgespenst, das auf die Spuren,
Wo die Verheerung zog, mit Graun hinunter weist.
Dort weist es hin, dort rauchen noch die Trümmer
Des Waldes, den die Flamme fraß!
Ich horche hin – und seufzendes Gewimmer
Umklagt die Stellen jetzt, wo einst der Friede saß.
Der Frühling kehrt zurück zu seinem Traubenhügel.
Kennt er die Stätte noch? Der Raum ist öd' und stumm!
Da zog ein Rauchgewölk mit schwarzem Rabenflügel;

Da riß die Wut den Herd der kleinen Laren[4] um!
Wo zwischen Lindengrün, wie unter Friedenspalmen,
Ein Tempel Gottes sich erhob,
Das ist kein Sabbath mehr, und keine Feierpsalmen
Verkünden dort des Weltengeistes Lob!

Ach! welcher Gott verhing der Erde diese Strafen?
Kein Gott! der Mensch – sein Wahn schuf diese Wüstenein.
Den Menschen drängt der Mensch. Wer wird den armen Sklaven
Der wilden Leidenschaft befrein?
Weh! mich ergreifen alle Schauer
Der Gegend, wo der Friede schwand!
Laß los! O, laß mich los, du Bild der Trauer!
Du, Hoffnung, reich' mir deine Engelhand,
Und führe mich durch sanftre Gänge,
Dahin, wo Liebe wohnt und Friedenslüfte wehn;
Und laß kein anderes Gepränge,
Als das Gefolg der Menschenhuld, mich sehn!

Und du, Gerechtigkeit, zerbrich die Scheidewände!
Verbanne den verruchten Geist,
Der wild und grausam die verschlungnen Hände
Der Menschen auseinander reißt!
Gieb, daß der Hüttner diesseits seines Flusses
Den Hüttner jenseit lieben darf;
Und donnre mit dem Fluch des Blutvergusses
Den Fürsten an, der kalt ein Friedenswort verwarf!

Schau hin! wie tief dein Blick in die Vergangenheiten
Hinunter späht: aus jeder Wüste starrt
Dich noch ein Denkmal an von schaudervollen Zeiten,
Und Zukunft ist ein Kind der Gegenwart.
Was immer *war*, wird immer *sein* hienieden:
Warum empört uns noch die grause Heldenzunft?
Warum begeistert uns, wie Frühlingswiederkunft,
Der süße Traum von einem ew'gen Frieden? –

4   *Laren,* Hausgötter, die auf dem Herde ihren Sitz hatten.

Das ist die Stimme der Vernunft,
Die nimmer schweigt, die, trotz dem wilden Rufe
Der Sinnenreize, frei uns werden hieß.
Wir stehn hier auf der ersten Stufe,
Wo seiner Vormundschaft uns der Instinkt entließ,
Und unsern Lebensgang an die Vernunft verwies.

Wohl oft bespricht, im Druck und Drang des Lebens,
Die Stimme der Vernunft vergebens
Den, seiner unbewachten Haft
Entrißnen, Sturm der Leidenschaft!
Da stürzet dann der Mensch in frevelndes Beginnen!
Wie unaufhaltsam stürzt er dem Verbrechen zu,
Wenn Aufruhr ist in allen Sinnen,
Wenn Sturm von außen, Sturm von innen
Das Leben aufjagt aus des Lebens Ruh'! –
So wär' im warmen Blut ein Funken Lebensfeuer
Mehr oder minder, jene Kraft,
Die aus dem Menschen dort ein Ungeheuer,
Und hier ein menschlich Wesen schafft? –
O das sei fern! – Du hörst den Donner rollen:
Sein Flammenzorn ist sich des Zornes nicht bewußt.
Natur heißt sein Gesetz; nur in des Menschen Brust,
Da herrscht ein Selbstgebot, ein Geist, ein eignes Wollen.
»Wie?« fragst du klagend, »ist das Los des Menschen Krieg?
Daß nimmer Fried' *um* ihn, nicht *in* ihm Friede walte?« –
Der Kampf ist sein Geschäft, daß sich die Kraft entfalte;
Beruf zu *schwerem* Kampf ist Ruf zu *größerm* Sieg.
Sieh dort die heiligen Bekenner
Des christlichen Paniers auf Felsenboden stehn!
Kein Sturm der Wut kann sie darnieder wehn;
Sie stehn auf sich, die hohen, freien Männer! –
Was Menschen *konnten, kann* der Mensch der freien Kraft:
Der Marter trotzten sie – wir nicht der Leidenschaft?

Der Sturm des Lebens, Freund, trägt Kronen auf den Schwingen,
Und führet über unserm Haupt
Hinweg den Siegerschmuck, so wir ihn nicht erringen.

Wer sich der Kraft im Dienst der Schwäche nicht beraubt,
Und vor dem Kampfe mit sich selbst nicht zittert,
Nur der ist frei – frei, wenn er unerschüttert
Verwirft, was die Vernunft verwarf.
Die Thorheit wähnt sich frei, wenn sie das Unrecht *darf*.
Das Unrecht *dürfen*, und nicht *wollen*;
Es fliehn, auch wenn es leuchtend glänzt:
Das ist der hohe Sieg, nach dem wir ringen sollen,
Ob ihn auch keine Hand bekränzt.

Wohl reizend ist es, hoch im Licht einher zu wandeln,
Vergöttert dazustehn vor seiner Welt;
Doch leichter ist es, *groß*, als *recht* zu handeln.
Dort siegt der Ruhm, hier siegt der Held.
Der eitle Wahn küßt seine goldnen Ketten;
Das Reich der Kraft ist ihm ein fremdes Land.
Der freie Geist wird seine Tugend retten,
Und fiel ihm auch darob das Leben aus der Hand.
Nur recht thun, und nichts anders wollen,
Ist, Tugend, dein *Gesetz*, und heilig ist die Pflicht.
Mag uns das Rad des Schicksals niederrollen:
Die Welt in uns berührt es nicht.

Die List kann einen Thron erringen;
Es sei die Huldigung der halben Welt ihr Raub!
Wie niedrig flattern ihre Schwingen
Im Dienst der Sinnlichkeit um einen Hügel Staub!
Oktavius entrann der Tyrannei des Feindes;[5]
Wird er der Tyrannei, die *in* ihm tobt, entgehn?
Sie schreit ihm zu. »Verkauf das Leben deines Freundes,
Um auf dem Nacken Roms zu stehn!« –
Er sträubt sich noch; er kämpft noch, ihn zu retten;

5   Als Cäsar ermordet war, teilten drei Usurpatoren, Oktavius, Lepidus
    und Antonius, unter sich den zerrütteten römischen Staat. Sie opferten,
    um sich auszugleichen, einer dem andern die liebsten Freunde auf. Ok-
    tavius gab, nah langem Sträuben, seinen Freund Cicero der Rache des
    Antonius hin.

351
    Jedoch die Herrschaft hält ihn fest an ihren Ketten:
    Und Tullius muß untergehn!
    Ist denn August so arm, daß er, zu seinem Glücke,
    Die sieben Hügel braucht? – Er opfert fremder Wut
    Sein heiligstes Gefühl; mit weggewandtem Blicke
    Vergießt der feile Sklav der edlen Römer Blut.
    Noch elendvoller ließ dort Philipp[6], aus den Hallen
    Der Macht, sein Herrscherwort von Thal zu Thal,
    Von Fels zu Felsen hin, durch Meer und Länder schallen.
    Gebietend leuchtete, mit hellem Doppelstrahl,
    Ein zwiefach Diadem an seinem Haupte! –
    Sein Auge nie in Ruh'! sein Antlitz kalt und bleich!
    Er, der sein Volk erdrückt', und fremde Freiheit raubte,
    Er raubte Völker arm, und raubte sich nicht reich,
    Es liegt, wie Mitternacht, Mord liegt auf seiner Seele,
    In der, wie ein Gespenst in einer schwarzen Höhle,
    Der Geist der Sünde schleicht; der Finstre horcht und lauscht
    Auf jeden Schmeichelton, der seine Qual berauscht. –
    Mag er mit Majestät und Schrecken sich umpflanzen:
    Er ist ein Sklav der Furcht, wie hoch er sich auch stellt.
    Er baute selbst, aus starren Lanzen,
    Den Kerker auf, der ihn gefangen hält.
    Da schleudern Furcht und Wut, aus einer engen Ritze
    Der Eisenmauer, scheu, verderbenvolle Blitze
    Hinaus in die, von ihm getrennte, Welt.

6   Der *zweite Philipp von Spanien,* dieser düstre Tyrann, war der Leibeigne dreier Tyrannen: der Herrschgier, des niedrigsten Hochmuts, und der kleinlichsten Eitelkeit, zu denen sich noch die blutigste Rachsucht gesellte. Seine arglistvolle Regierung war ein fortgesetztes Lügensystem. Seinen nächtlichsten Greuelthaten, die nicht zu verbergen waren, legte er schwülstige Worte und moralische Sprüche in den Mund. Humanität auf den Lippen, Unmenschlichkeit im Herzen, forderte er Glauben, mit dem Schwert in der Hand. Die Politik trieb er so weit, daß er die ungeheuersten Lügen mit einem religiösen Ernste auftreten und mit öffentlichen Dankgebeten ankündigen ließ. Neben dieser frechen Gottesverhöhnung gleichzeitig, wohnte in ihm der furchtbarste Aberglaube, der seinem Blicke eine gewisse Unstetigkeit gab, und seine ganze Haltung gleichsam in Bruchstücke zerlegte, die sein innerstes Leben verrieten.

Ob auch das Glück an ihn sein Füllhorn ganz vergeude:
Die Wonn' entflieht aus seiner öden Brust.
So elend ist die Macht! Doch er gebietet Freude –
Erwärmte sein Gemüt der Taumel fremder Lust? –
Betäub', entzück' ihn dann der Siegespomp! – Ein dumpfes,
Verwünschendes Geheul durchschreit, empört,
Die rasende Vergöttrung des Triumphes,
Die er – damit *er sich nicht höre* – gierig hört.
Erschrocken ist er, *mit sich selbst zu* sprechen;
Das Unheil stößt ihn fort; kein Ausweg ist mehr sein;
Ihn faßte, mit der Hölle Pein,
Ihn faßte das Gericht, zu ewigem Verbrechen
So rettungslos verdammt zu sein.
Ha! welcher Fluch verschwur ihn dem Verhängnis?
Nach Freiheit atmet er. Er flieht – wohin er tritt:
Das kalte, eiserne Gefängnis
Der Lanzenwache nimmt er mit.
So fürchterlich allein, trotz seinem Dienerschwarme!
O, keine Brust, an der sein starres Herz erwarme! –
Auf! lüge dann, du stolze Leidenschaft,
Ihm Hoheit vor und Macht – die hunderttausend Arme
Von Sklaven nennt er schon vermessen *seine* Kraft. –

Treu, wie die Tugend, hält der Frevel sein Versprechen;
Was Leidenschaft gefällt, gedeiht nur im Verbrechen;
Und aus Verbrechen reift die innre Sklaverei.
Wenn er kein Weiser ist, so ist kein König frei.
Die innre Hoheit lebt von ihrer eignen Fülle;
Sie selbst, und nur sie selbst, ist ihr Gewinn.
Die Weisheit ist, wie still sich auch ihr Gang verhülle,
Reich von Geburt; die List ist eine Bettlerin!

Laß immerhin die Grübler streiten!
Wer recht thut, der ist frei, um, zwischen Schmerz und Lust,
Zur Freiheit kämpfend fortzuschreiten.
Dies zeugt das Hochgefühl in jeder Menschenbrust;
Und dieses nur bedarf der Pflege,
Nicht jener Trieb, der sucht, was die Natur verheißt.

Recht hat der Sinnentrieb, *recht thun* geziemt dem Geist:
Der Halbgott steht am Scheidewege.

Nimm weg die freie Kraft – und wag's, den Friedensbruch,
Der ewig uns mit uns entzweiet, zu entwirren!
Dann ist der Mensch ein Widerspruch,
Ein Tier ist er, und doch verdammt zu irren!
Dann sprich, was will das gaukelnde Phantom
Der Tugend dort, mit seiner Schattenwürde? –
Und warum folgen wir nicht ruhiger dem Strom
Der Dinge, der uns trägt, wie eine leichte Bürde?

Das Tier weiß, was es will; der Herr des Tieres nur
Betritt mit schwankem Fuß die Pfade, die er wandelt.
Warum? – Es ist der Mensch, der in dem Menschen handelt;
Im Tiere waltet die Natur.
Das Tier lebt immer jetzt, der Mensch lebt immer künftig.
Das Tier ist halb vernünftig durch Instinkt;
Indes der Mensch, halb unvernünftig,
Herab von seiner Würde sinkt.

Die Weltnatur ist nie mit sich im Widerstreite;
Doch warum ist der Mensch von heute
Nicht mehr der Mensch, der er noch gestern war? –
Die Freiheit leuchtet dunkelklar
In seinem Willen auf; er will, und will doch nimmer.
Das kaum gewählte *Hier* verwirft er, wählt das *Dort*;
Der Wahrheit folgt sein Geist, sein Herz dem eiteln Schimmer;
Ihn drängt der Schmerz, ihn lockt die Wonne fort.
Verdräng' ihn auch der Schmerz, verlock' ihn auch die Wonne:
Nie gänzlich wird in ihm die freie Kraft verdrängt;
Nein! dieser Mond, der tief im innern Leben hängt,
Verfinstern mag er sich: ihn findet seine Sonne.

So ward dem Menschen dann ein freier Lebenssinn;
Was um ihn ist, es ward dem Dasein hingegeben;
Nur *an den Menschen* gab das Dasein sich dahin.
Es ist der Freiheit fürchterliches Streben,

Das im Gefühl gedrückter Ruh erwacht,
Und plötzlich aufspringt, und das Leben,
Wie Bandendruck, hinschleudert in die Nacht.

Den edeln Jüngling Bion drängte
Sein Wütrich hin zu einer Missethat.
Und als sie schwarz vor seine Seele trat,
Das Dasein sich um ihn verengte,
Kein Retter seine Hand ihm bot:
Da blitzt' es auf in ihm, ein Leben wegzuwerfen,
Das eine Schandthat zu beflecken droht.
Es saust ein Sturm durch alle seine Nerven;
Das Leben kämpft; er wählt, verwirft, und wählt den Tod
Doch will er nicht zu rasch hinaus ins Dunkel greifen;
Nicht Stürme sollen ihn darnieder wehn;
Drei Tage soll die That in ihrer Knospe reifen;
Entschlossen will er untergehn.
Die dritte Nacht erscheint, schwarz wie die dunkle Pforte,
Der sich der Jüngling kämpfend naht.
Sein Tagebuch verriet die letzten Worte,
Womit er seinen finstern Weg betrat.
Es rieseln schaudernde Gefühle
Kalt durch sein Herz. Er blickt in die Natur.
»Noch einmal« – ruft er aus – »hebt aus dem Flutgewühle
Des Lebens sich mein Haupt, und weg ist meine Spur!
Zum letztenmale dann, ihr schönen Himmelsgloben,
Zum letztenmale schaut zu euch hinaus mein Blick!
Der Weltengeist, der liebend euch dort oben
An seinem Herzen trägt, stößt *mich* auch nicht zurück.
Nichts konnte von der Schmach mich retten,
Nichts, als die Flucht ins sichre Grab.
Noch schuldlos, werf' ich meine Ketten,
Natur, auf deinen Schoß hinab.
Bedecke, Laub der wilden Nessel,
Ein dunkles Leben, voller Schmach!
Bedecke still die That, die eine harte Fessel –
Verzeih, o Gott! – zu früh zerbrach!
Ich zaudre noch? Schon ist die Mitternacht vorüber;

Und immer zaudr' ich noch? – Der Tod – ein finstres Wort!
Ach! fiele noch einmal vom stillen Osten dort
In meine Seel' ein Morgenblick herüber!
Vielleicht – vielleicht – – Sei stark, mein Geist! wir müssen fort!«
– –

Den Kampf der Freiheit ehrt, müßt ihr die That auch tadeln!
Sagt, ob ihr ihn verdammen dürft,
Ihn, der im Drang, sein Leben zu entadeln,
Es rettend in den Arm des Todes wirft!

Das Dasein fiel uns zu; die Freiheit wird errungen,
Von der die Tugend lebt. Die Geistesfreiheit siegt,
Besiegt den Lebenstrieb, wenn Hehra, ganz durchdrungen
Von ihrer Mutterpflicht, zu Malis Rettung fliegt.
Du bebst, du schauderst noch vor jener Uferstelle,
Wo kühn hinab die sanfte Hehra sprang,
Und mit dem Tod und der empörten Welle
Um ihre Mali kämpft', und zitternd sie errang.
Die Geistesfreiheit siegt: ein Brutus[7] *hört* die Töne
Der flehenden Natur, doch er *erhört* sie nicht.
Er fühlt die *süßre* Pflicht, und folgt der *höhern* Pflicht,
Wenn er, mit nassem Blick, am Blutaltar die Söhne
Den fordernden Gesetzen opfern läßt. –
Die Geistesfreiheit hebt den Schwung der großen Seele;
Sie feiert in der Nacht der dunkeln Kerkerhöhle
Des Sokrates ein lichtes Götterfest.

Es ist nichts Heiligers und Schöners,
Als ihr Triumph im Kerker des Atheners.
Wie sanft verwarf der Weise Kritons Rat,
Der mit dem Wink zur Flucht in seinen Kerker trat!

7   Die beiden Söhne des *Brutus* hatten sich in eine Verschwörung gegen den Staat eingelassen. Brutus, Roms Konsul, ließ beide vor seinen Augen hinrichten, und verschloß sich, als die Gesetze befriedigt waren, mit dem tief verwundeten Vatergefühl, in die Einsamkeit, um über sein hartes Schicksal zu trauern.

»Das Leben, Kriton, wird zu teuer
Dem Unrecht abgekauft. Der Tod ist ein Befreier;
Und Ketten trägt die Frevelthat.« –
So spricht der Mann der Kraft, der sich den Göttern naht.
Wie laut und wütend auch die Schlangen draußen zischen:
Um ihn ist alles still, um ihn ist Licht und Ruh'.
Sein Geist ist frei; den friedlichen Gebüschen
Elysiums fliegt seine Seele zu.

Die Freiheit der Vernunft ist unser wahres Leben.
Zur Führerin ist sie, und zu Begleitern sind,
Durch dies verschlungne Labyrinth,
Uns freundliche Gefühle mitgegeben.
Wenn Hoheit unsern Busen hebt:
Dann strömen sie die Glut auf unsre Wangen;
Oft aber fallen sie gefangen
In Netze, die der Reiz der Sinne webt.
Sie dürfen die Vernunft nicht niederschwärmen,
Sie dürfen nur den Keim der Edelthat
Empor zur vollen Reife wärmen;
Und lieblich blüht um sie die heitre Lebenssaat.
Wo ihre Wärme fehlt, da ist die Gegend öder;
Die Distel wuchert nicht hervor;
Doch auch kein Fruchtbaum reift, und die erhabne Ceder
Hebt nie darin ihr Kronenhaupt empor.

Gefühle tanzen gern, im holden Zauberschimmer
Der Phantasie, mit unserm Herzen hin;
Allein die ernstere Vernunft sei immer
Die richtende Gebieterin,
Ihr freies Machtgebot der Leitstern, der uns führt!
Die ganze Menschlichkeit in uns vereine sie
Zu einem Lautenspiel der Lebensmelodie:
Dies ist das Königtum, das der Vernunft gebühret.

Im Menschen wallt und wogt die Flut der Leidenschaft,
In sanft umgrüntes Ufer hingebettet.
Auf einer Insel thront, mit Herrscherwürd' und Kraft,

Die frei gebietende Vernunft, hinaufgerettet,
Zu überschauen dort die Flut und ihren Lauf.
Da herrsche sie herab von ihrer Inselhöhe!
Da herrsche nie die wilde Flut hinauf!
Denn wehe der Vernunft, und ihrer Freiheit wehe,
Wenn jener Wogendrang, empört und ungehemmt,
Das Ufer niederbraust, und die geweihte Höhe
Der unbewachten Insel überschwemmt!
Doch das Vernunftgesetz tritt bald mit hellen Spuren,
Wie eine Säulenschrift, hervor.
Die unter Trümmern sich verlor.
Den Aufruhr drängender Naturen
Hat über sie hinweg die wilde Zeit gespült.
Verschütten konnte sie die Schrift, doch nicht verdrängen.
O, die Erhabenheit begeistert zu Gesängen!
Wie tief hat sie das Volk der Lieder einst gefüllt!
Vom Traum der Sinnlichkeit geschieden,
Und innig doch mit ihm vermählt,
Umstürmt mit ihrem Kampf, umschwebt mit ihrem Frieden
Die hohe Göttlichkeit den mächtigen Alciden,[8]
Dem sie die Brust zum Hyderkampfe stählt.

8 *Herkules*, den die alte Dichtung als das Ideal der Selbstverleugnung und der freien Thätigkeit aufstellt, hatte neben der Kraft, die ihn beseelte, manche Schwäche. Die Göttlichkeit, die sein Wesen überstrahlte, war mit tiefen Schatten vermischt. Besonders fand er in seinen Vermählungen seinen Tod, der der Übergang zu seiner Vergötterung wurde. Als er auf seinen Zügen nach Euböa kam, erblickte er *Jolen,* eine Tochter des Königs Eurytus. Von ihren Reizen gefesselt, verlangte er sie zur Gemahlin, ohngeachtet er mit Dejanira vermählt war. Eurytus schlug dem Herkules sein Verlangen ab, wofür dieser sich durch den Mord an dem Sohne des Eurytus rächte. Diese grause That befleckte seinen Ruhm, und er mußte sie durch tiefe Erniedrigungen büßen. Nachdem die Zeit dieser Büßungen überstanden war, ging Herkules gleichwohl zu dem Eurytus zurück, eroberte die Königsstadt, erschlug den Eurytus, nahm Jolen gefangen, und sandte sie zu seiner Gemahlin Dejanira. Diese fürchtete in der Jole eine Nebenbuhlerin, und glaubte, daß sie eilen müsse, von einem Mittel Gebrauch zu machen, welches ihr die Zuneigung des Herkules erhalten sollte: es war das vergiftete Blut des, vom Herkules getöteten, Nessus. Sie befleckte damit ein Unterkleid, welches sie dem Herkules mit der Bitte zuschickte, es an einem feierlichen Opfertage zu tragen.

Mit dem Hochgefühl des Sehnens,
Das zu Götterthaten weiht,
Flieht der hehre Sohn Alkmenens
In den Schoß der Einsamkeit.
Tief im Herzen warme Schläge,
Fühlt er, was er *soll* und *will*;
Und an einem Scheidewege
Steht er, sinnend, plötzlich still.

Dunkler jetzt, und wieder heller
Schwebt ihm fern die Zukunft vor.
Ahnungsvoll, und schnell und schneller
Wallt ihm hoch das Herz empor.
Wird ein Wunder sich entfalten?
Ist ihm eine Gottheit nah?
Zwei erscheinende Gestalten
Stehn vor seinem Blicke da.

Eine der Gestalten leuchtet,
Wie der frische Blumenring,
Der, vom ersten Tau befeuchtet,
Um die junge Tellus[9] hing.
»Siehe!« sprach sie, »was die Erde
Süßes hat, ich weih' es dir,
Sohn des Himmels; aber werde
Mein Getreuer, folge mir!« –

Zauber sprühn aus ihren Blicken;
Und ein weicher Schlummerduft

Herkules legte das Kleid an, als er den Göttern opferte. Sogleich empfand er die Wirkung des Giftes, und zuckende Qualen fuhren durch seine Glieder. Durch seinen Sohn, den Hyllus, ließ Herkules sich auf den Berg Öta bringen, um durch einen freiwilligen Tod seine Leiden in den Flammen zu enden. Schon umgab ihn die lodernde Glut; und nun heiterte sein ganzes Wesen sich auf. Er hatte für seine Vergehungen gebüßt; das Sterbliche fiel ab von ihm, und sein innigstes Selbst stieg geläutert zu den Göttern empor.

9   *Tellus*, die Erde.

Trägt ein taumelndes Entzücken
Um sie her im Hauch der Lust.
Halb dem Zauber hingegeben,
Hat der Jüngling kaum Gewalt
Seine Blicke zu erheben
Zu der stillern Huldgestalt.

Ruhig naht sie, wie der Friede:
Aber wie mit Schmach bedeckt,
Fühlt sich zitternd der Alcide
Von der Tugend angeschreckt. –
»Keine Freuden goldner Tage«,
Spricht sie, »kann ich dir verleihn.
Rette, kämpfe, dulde, trage!
Deiner würdig, bist du *mein*.

Siegen ziemt dem Göttersohne;
Sich besiegen aber weiht
Ihm die höchste Strahlenkrone
Himmlischer Unsterblichkeit.« –
Und der Jüngling – schöner blühend
Stand er da vor der Natur,
Als er heilig sich und glühend
In die Hand der Tugend schwur.

Seine eigne Flamme dämpfend,
Willig Schwächern unterthan,
Geht der starke Sieger kämpfend
Seine große Heldenbahn.
Ungeheuer kämpft er nieder;
Aber seinem Frieden droht
Eine fürchterliche Hyder,
Als in Lernas Sumpf, den Tod.

Ach, daß ihn die Tugend warne!
Weh! der freie Sieger fällt
Überwunden in die Garne,
Die der Reiz der Lust ihm stellt.

Friede noch; allein Jole
Tritt ihm in den Heldenlauf,
Und er opfert dem Idole
Seine ganze Hoheit auf.

Wie ein Blitz aus heitrer Bläue,
Stürzt herein das Mißgeschick
Grause That und Schmach und Reue
Hängen an Jolens Blick.
Sieh! er reißt sie, ohn' Erbarmen,
Mit Verrat und Meuchelmord,
Aus des grauen Vaters Armen,
Aus des Bruders Armen fort!

Plötzlich fällt die Eumenide
Des Gewissens ihm ans Herz;
Und der süße Lebensfriede
Wandelt sich in wilden Schmerz.
Schrecklich rafft er ihn zusammen,
Seines Geistes letzten Schwung;
Auf dem Öta in den Flammen
Büßt er die Entgötterung.

Und der Gott erringet wieder,
Was der Erdensohn verlor;
Die Verschattung sinkt darnieder,
Die Verklärung strahlt empor.
Schon der letzte Seufzer dringet
Aus der Sterblichkeit herauf,
Und die freie Seele schwinget
Sich ins Reich der Tugend auf.

So furchtbar dämmert durch die Hülle
Der Sterblichkeit die Götterspur,
Das Licht der tiefen Seelenfülle,
Der Glanz der höheren Natur.
Dem Blicke, welcher sich an dem erhabnen Schimmer
Der Geistesfreiheit selig schaut,

O! wie erscheint ihm hier das Bild der bunten Trümmer,
Womit das Glück ein Glück zusammenbaut!
Der Thronkoloß stürzt ein zur grauen Schäferhürde,
Zum Knabenbau von heut, der morgen schon zerfällt!
Ja, blick' in die Natur, in ihre große Welt,
Und fühle dich in deiner Geisteswürde
Hoch über sie hinausgestellt!

Der Tag verschied, er ging verstummend unter;
Groß ist die stille Welt, die hinter ihm erwacht.
Nun tritt hinaus in diese dunkle Pracht!
Wie feierlich ist sie! wie heilig! Schau hinunter
In diese tiefe Herrlichkeit der Nacht,
Durch welche Sonnen hin, wie Strahlengötter, wandern!
Schau, wie das funkelnde Gewölbe dich umfängt!
Und wie von einem Pol zum andern
Die goldne Weltenkette hängt!
Die Glanzgestalten ziehn still feiernd auf und nieder.
Mißt hier der Raum den Raum? zählt Stunden hier die Zeit?
O, staun' empor! Die Weltunendlichkeit
Streckt tief ins Ewige hinaus die Riesenglieder!
Siehst du den Menschen noch vor dieser Flut des Lichts?
Dies Anschaun drückt, wie eine Bürde,
Den Menschen nieder in ein Nichts.
Was hebt – was rettet ihn? – Die hohe Geisteswürde,
Die stark umfaßt, was sie erkor,
Hebt über Welten ihn empor.
Sie sind die Kette der Naturgewalten,
Und *ihr* Beruf ist: zu entfalten
Das weite Labyrinth der reichen Ätherflur,
Durch welche freie Geister wandeln.
Der Mensch ist selbst sein Gott, und *sein* Beruf ist: *Handeln.*

Das Leben der Vernunft, der Freiheit helle Spur,
Berechtigt ihn, sein Haupt so hoch emporzuheben.
Verwandlung ward der Weltnatur,
Erhebung der Vernunft gegeben.
Wenn tief, und tiefer schon des Lebens Sonne steht:

Dann rettet die Vernunft aus den zerstörten Lauben,
An denen schon die Zeit den letzten Kran verweht,
Sie rettet sich hinauf zu ihrem Glauben,
Der, wie ein junger Held, durch die Verwüstung geht,
Und zu der Tugend spricht: »Dein Kranz wird nicht verwehn;
Du bleibst, ob hinter dir dein Schatten auch verschwand.
Die Tugend kann nicht untergehen,
Die wert des Himmels ist, und keinen Himmel fand.« –

Tritt hin zur feierlich-geheimnisvollen Pforte,
Von Hehras Hingang leuchtend noch erhellt!
Da tönen noch die seelenvollen Worte:
»Zum Wiedersehn sei mir gegrüßt, du Geisterwelt!« –
Dies war der letzte Ton von einem schönen Liede,
Das in der zarten Frühlingsblüt' entschlief.
Es war, als ob ein Engeltag verschiede,
Der sanft in seine Ruh' die Abendstille rief. –

Es werde hell um die geliebten Trümmer,
Und träumend sinke die Erinnerung,
Wie eine weiße Nacht voll Mondenschimmer,
Auf jede Stelle deiner Huldigung!
Laß die Vergangenheit – und ob dein Herz auch breche –
Mit allem, was sie war, o laß sie auferstehn,
Daß jeder Nachhall auch zu deinem Herzen spreche:
»Die Tugend kann nicht untergehn!« –
Und führe mich durch all' die reichen Blütengänge
Des schönen Lebens hin, das selig dich umfing!
Es töne, wie ein Laut verhallender Gesänge,
Wo eine schöne That in ihrem Kranze ging!

Die Ruhe schwebe dort, wo Hehra zu dem Harme
Den Frieden in die Hütte trug!
Und heilig sei der Raum, wo sie die offnen Arme
Der Rettung um das tief verirrte Mädchen schlug;
Der Hügel sei geweiht, wo, sanft von Lichtgewölken
Umleuchtet, Hehra ging! geweiht das Ufergras,
Wo sie, umblüht von jungen Angernelken

Und holden Engelkindern, saß!
Und wo sie betete, da winden Epheuranken,
Zur Tempelwölbung, sich am Lindenstamm hinauf!
Da schreck' ein tiefes Graun erschütternde Gedanken
An Gott und Ewigkeit im frechen Sünder auf!
Dir aber säusle von der Lindenkühle
Der Friede zu, der sich in Hehras Seel' ergoß,
Wenn die Begeisterung erhabner Gottgefühle,
Wie Harfenlaut, von ihren Lippen floß!

Ihr ganzes Leben war die sanfte Äolsharfe,
Worin ein zartes Himmelsecho schlief;
Ein Lautenspiel, aus welchem selbst das scharfe,
Verwüstende Gestürm noch Harmonien rief.
Und ihr Verstummen – welch ein ruhiges Verschweben!
O, sanft entschlief ihr Tag; er hatte schön gewacht!
Ein Genius – es war ihr Leben –
Trat leuchtend hin in ihre Nacht.
Du sahst es, wie vor ihm die Pforte
Des Todes schimmerte. Er nahte, wie die Ruh,
Und lächelte, und sprach geweihte Worte,
Sprach einen Engel seinem Himmel zu.

Gefeiert sei, vor allen Tempelstellen,
Der Hügel, wo sie ruht, in seiner Rosenluft!
Ein Himmelsahnen weht in jenem Lindenduft.
O sieh! der Rasen bebt, als schlüg' er Blumenwellen
Empor an die geweihte Gruft.
Und jener Abend, den die Sommerblüte schmückte,
Der, wie ein schlafender, bekränzter Tag,
Auf dessen Antlitz noch ein blasses Lächeln zückte,
Sanft der Natur im Arme lag,
Der Sternenabend – ernst, wie das beseelte Schweigen,
Und herrlich, wie vor Gott verklärte Geister stehn,
Blickt er die Schatten an, die aus den Trauerzweigen
Auf Hehras Hügel niederwehn.
Vor ihm, vor diesem ernsten Zeugen
Befrage dich: Was willst du wiedersehn?

Die Schatten ihrer Seelengüte?
Den Blick, voll Huld und Licht? das Wangenrot, das zart
Aus einem innern Lenz herüber blühte,
Aus dem Gefühl, das von der Ahnung glühte,
Vor welcher sich der Geist der Zukunft offenbart? –
O, alles dies sind Erdengaben!
Ein feiner, innrer Sinn, der hier begraben
In tiefer Hülle lag, wird glorreich auferstehn.
Wird jede Geistesblüt' entschleiern,
Und wird das große Wiedersehn
Der Tugend und der Liebe feiern.
Die Wolken, welche hier noch zwischen Seelen stehn,
Die schattenden Gestalten, werden schwinden.
Ein leichter Hauch verhüllt dann nur den Strahlenkern;
Anleuchten wird der Stern den Stern;
Die Tugend wird die Tugend wieder finden.
Dann wird sich, wie das klare Bild
Der Sonn' auf mildern Au'n und sanftern Hügeln,
Im zarten Schleier, der es hüllt,
Das innre Leben reiner spiegeln.

Jenes Rosenlächeln nicht,
Nicht der Kranz von blonden Haaren,
Nicht, was die Gestalt umblühte;
Nein, die zarte Seelengüte
Wird den Himmel offenbaren,
Der zu deiner Seele spricht.

Hehras Lebensmelodie,
Im ätherischen Erwachen,
Wird empor in Hymnen schweben.
Wohl wird jedes Engelleben
Himmlischer den Himmel machen;
Dich begeistern wird nur sie.

Wie ein weicher Flötenlaut,
Wird sich eine That dir nennen,
Welche Lieb' und Stille schufen:

»Das ist Hehra!« wirft du rufen;
O, dann wirst du sie erkennen
An dem Himmel, den sie baut.

Ja, Freund, wir werden sein, wir werden noch des Schönen
Und Guten inniger und seliger uns freun;
Und lyrischer wird unser Leben tönen,
Mit schönen Seelen im Verein.
Dann wird dem edeln, frommen Späher
Der heilige Verhüllte näher
Und lichter, stiller wird's um seine Tugend sein.
Erheben wird sie sich auf freierm Flügel,
Hin durch das neue Reich der Zeit;
Und heller strahlen wird an ihrer Stirn das Siegel
Der heiligen Unsterblichkeit.

Unsterblichkeit! Gedanke, der du Leben
Und Licht ins Dasein strahlst, und über Zweifel siegst!
Wie hoch kannst du den Menschen heben,
Wenn du den Menschen überfliegst!

Unsterblichkeit! dir bringe dann die Blume
Des Lebens ihren Purpur dar.
Du weihest, am Naturaltar,
Es ein zu seinem Göttertume.

Wenn Graun der Nacht an meinem Pfade lauscht:
Dann leuchte du herab aus deines Lichtes Fülle!
Erhebe mich, wenn laut das Leben mich umrauscht,
Zur Ruhe deiner Geisterstille!

Geheim entlaubt die dunkle Hand den Wald;
Und Schweigen ruht um längst versunkne Trümmer;
Du trittst hervor in deinem leisen Schimmer,
Wie eine rettende Gestalt.

Du winkst, wenn mir die letzte Thrän' entfließet,
Mich zur Vergötterung hinauf.

Ein Mensch, ein müder Pilger schließt,
Ein Gott beginnet seinen Lauf!

Kleinere Dichtungen

1. Maigesang

1786.

Der Greis des Silberhaares,
Der Winter, sank ins Grab;
Der Jünglingstraum des Jahres,
Der Frühling, löst ihn ab.
Er zieht, von Melodien
Der jungen Freud' umhallt,
In goldnen Phantasien
Durch den bekränzten Wald.

Es flüstern leise Weste
Mit jedem Halm der Flur
Vom großen Liebesfeste
Der bräutlichen Natur.
Sie wird den Lenz umfangen –
O diese Wonne bricht
Hervor auf ihren Wangen,
Wie heitres Morgenlicht.

Zum Tanz begeistern Laute
Der Seligkeit den Bach;
Im Moos, im kleinsten Kraute
Wird stiller Jubel wach.
O fühlt, was in den Quellen
Nach Finkenschlägen tanzt,
Und auf geheime Stellen
Der Liebe Myrten pflanzt!

O fühlet! fühlt die Freude,
Die jeden Strauch belebt,
Und über Feld und Heide

Mit Lerchenjubel schwebt!
Sie ist ein Kind der Liebe,
Der Liebe, welche tief
Aus Nächten das Getriebe
Der Morgensterne rief;

Die seliges Frohlocken
In stumme Wälder haucht,
Und Hyazinthenglocken
Ins Blau des Himmels taucht.
Es töne laut: Willkommen!
O Freud', um deinen Pfad.
Sei festlich aufgenommen,
Wo deine Gottheit naht!

Still, jedes Rauschgetümmel,
Wohin dein Wandel tritt!
Du bringst aus deinem Himmel
Den sanftern Himmel mit,
Voll Unschuld, wie die Jugend,
Die du in Tänzen übst.
Wir brauchen wenig Tugend,
Wenn du uns Unschuld giebst!

2. Elegie auf dem Schlachtfelde bei Kunersdorf

Nacht umfängt den Wald; von jenen Hügeln
Stieg der Tag ins Abendland hinab;
Blumen schlafen, und die Sterne spiegeln
In den Seen ihren Frieden ab.
Mich laßt hier in dieses Waldes Schauern,
Wo der Fichtenschatten mich verbirgt;
Hier soll einsam meine Seele trauern
Um die Menschheit, die der Wahn erwürgt.
Drängt euch um mich her, ihr Fichtenbäume!
Hüllt mich ein, wie eine tiefe Gruft!
Seufzend, wie das Atmen schwerer Träume,
Weh' um mich die Stimme dieser Luft.
Hier an dieses Hügels dunkler Spitze
Schwebt, wie Geisterwandel, banges Graun;
Hier, hier will ich vom bemoosten Sitze
Jene Schädelstätten überschaun.

Dolche blinken dort im Mondenscheine,
Wo das Erntefeld des Todes war;
Durcheinander liegen die Gebeine
Der Erschlagnen um den Blutaltar.
Ruhig liegt, wie an der Brust des Freundes,
Hier ein Haupt, an Feindes Brust gelehnt,
Dort ein Arm vertraut am Arm des Feindes. –
Nur das Leben haßt, der Tod versöhnt.
O, sie können sich nicht mehr verdammen,
Die hier ruhn; sie ruhen Hand an Hand!
Ihre Seelen gingen ja zusammen,
Gingen über in ein Friedensland;
Haben gern einander dort erwidert,
Was die Liebe giebt und Lieb' erhält.
Nur der Sinn der Menschen, noch entbrüdert,
Weist den Himmel weg aus dieser Welt.
Hin eilt dieses Leben, hin zum Ende,
Wo herüber die Cypresse hängt:

Darum reicht einander doch die Hände,
Eh' die Gruft euch aneinander drängt!

Aber hier, um diese Menschentrümmer,
Hier auf öder Wildnis ruht ein Fluch;
Durch das Feld hin streckt sich Mondenschimmer,
Wie ein weites, weißes Leichentuch.
Dort das Dörfchen unter Weidenbäumen;
Seine Väter sahn die grause Schlacht:
O sie schlafen ruhig, und verträumen
In den Gräbern jene Flammennacht!
Vor den Hütten, die der Asch' entstiegen,
Ragt der alte Kirchenturm empor,
Hält in seinen narbenvollen Zügen
Seine Welt noch unsern Tagen vor.
Lodernd fiel um ihn das Dorf zusammen;
Aber ruhig, wie der große Sinn
Seiner Stiftung, sah er auf die Flammen
Der umringenden Verwüstung hin.
Finster blickt er, von der Nacht umgrauet,
Und von Mondesanblick halb erhellt,
Über diesen Hügel, und beschauet,
Wie ein dunkler Geist, das Leichenfeld.

Mag, o Lenz, dein Angesicht hier lächeln?
Jeder Windstoß, der den Wald bewegt,
Ist ein großer Seufzer, der das Röcheln
Der Gefallnen durch die Wildnis trägt.
Diese Greisin, diese düstre Fichte
Zeigt die Narben, die auch sie empfing,
Weist dahin, wo blutig die Geschichte
Böser Zeiten ihr vorüber ging.
Als hier wild die Waffendonner stürmten,
War sie noch mit Jugendkraft umlaubt,
Und, wie Hände der Natur, beschirmten
Ihre Schatten ein geweihtes Haupt.

Hier sah Friedrich seine Krieger fallen. –
Herrscher deiner Welt, du warst so groß;
Aber doch – das härteste von allen
War dein Los, es war ein Königslos.
Mann des Ruhmes, konnten alle Blüten
Jenes Kranzes, der dein Haupt umfing,
Konnt' ihn dir die Musenhuld vergüten,
Diesen Weg, der über Leichen ging?
Menschen fielen, gleich gemähten Ähren,
Ach, sie fielen dir, du großer Mann!
Da, da war es, als dein Herz in Zähren
Auf den blutbespritzten Lorbeer rann. –

Hier der See, und dort des Stromes Fluten
Spiegelten zurück das Todesschwert;
Dieser Himmel sah das Opfer bluten;
Dieser Hügel war ein Opferherd;
Hier im Bach hat Menschenblut geflossen;
Wo der Halm im Monde zuckend nickt,
Hat vielleicht ein Auge, halb geschlossen,
Nach der Heimatgegend hingeblickt.
Da, wo die Cikad' im düstern Thale
Durch die Nacht der Ulmenwaldung tönt,
Da, da hat vielleicht zum letztenmale
Manches zarte Lebewohl gestöhnt.
Und der stille Wandrer, welcher traurig
Sich dem Grau'n der Gegend überläßt,
Fühlt ein dumpfes Ahnen, das so schaurig
Ihm den Atemzug zusammen preßt.

War es Klang von einer fernen Quelle,
Was so dumpf zu meinem Herzen sprach?
Oder schwebt Geseufz' um jede Stelle,
Wo ein Herz, ein Herz voll Liebe, brach?
Ist es Wandel einer düstern Trauer,
Was am Sumpf dem Hagebusch entrauscht,
Und nun schweigt, und, wie ein dunkelgrauer
Nebelstreif, im Nachtgeflüster lauscht?

Wandelst du dort, arme Mädchenseele,
Der die Wut den holden Freund entriß?
Schattest du dort um die Totenhöhle
Durch das Nachtgrau'n deiner Finsternis? –

Aber still! was flimmert durch die Zweige,
Wie ein weißer, schleierheller Geist?
Jeder rohe Laut der Wildnis schweige!
Diese Stell' ist heilig! hier fiel Kleist.
Wo den Raum die Ulmen überschleiern,
Sank der Frühlingssänger in den Staub;
Diese Stelle will ich heilig feiern;
Ach! und kann sie nur bestreu'n mit Laub.
Rinnen laß hier eine Silberquelle;
Winde deinen sanftern Blumentag,
Holder Frühling, um die rauhe Stelle,
Wo dein edler Sänger blutend lag.
Hier aus diesem wildernden Gesträuche,
Wo der deutsche Mann sein Blut verlor,
Hebe sich, im Schatten einer Eiche,
Grün' ein zartes Myrtenreis empor;
Und im dunkelgrünen Eichenlaube
Girre, wenn der Lenz vorüber zieht,
Klagend eine silberweiße Taube
Noch dem Sänger Lalages ihr Lied.
Aber in dem Myrtendunkel säume
Die Begeistrung einer Nachtigall,
Und die Waldluft schweb' um ihre Träume,
Wie ein sanft gehaltner Wellenfall.
Leise schwebe sie durchs Laub des Strauches,
Das der Boden dieser Stelle trieb,
Wie der Nachhall eines Flötenhauches,
Der uns aus des Dichters Leben blieb;
Und im zarten Weiß der sanftern Trauer
Nahe sich die Mondnacht diesem Raum,
Feiernd trete sie in seine Schauer,
Wie ein heiliger Erinnrungstraum.

Zwar den fernen Geist kann nichts erstatten;
Doch er schwand nicht ganz aus unserm Blick:
Der geweihte Mann wirft seinen Schatten
Dort noch aus Elysium zurück.
Viel der edeln Männer sind gefallen;
Aber, Kleist, dein Name tritt hervor,
Tritt hervor, und hebt, geweiht vor allen,
Aus der Flut der Zeiten sich empor.
Hier fand mancher Jüngling, welcher mutig
Einen Namen sucht', ein stummes Grab;
Manche Hoffnung riß der Tod hier blutig
Vom Idol der goldnen Zukunft ab.

Sagt, was ist, was gilt ein Menschenleben,
Was die Menschheit vor dem Weltengeist,
Wenn der wilde Tod aus den Geweben
Ihres Daseins so die Faden reißt?
Welche Faden sind hier abgerissen!
Und was fällt, wenn nur ein Haupt zerfällt! –
Hier steh'n wir, und hinter Finsternissen
Steht der hohe Genius der Welt!

Stürme fahren aus dem Schoß der Stille,
Und die Zeit, mit Trümmern wüst umringt,
Zählt am Uferrand der Lebensfülle
Jeden Tropfen, den der Sand verschlingt.
Schwankend irren wir im finstern Sturme;
Wechseltod beherrscht die Finsternis;
Er beraubt den Halm, und giebt dem Wurme,
Giebt dem Halm, was er dem Wurm entriß.

Luftig spielt das Laub des Ulmenbaumes
An den frischen Ästen um den Stamm:
Regt darin sich noch ein Rest des Traumes,
Der einmal in Nervensäften schwamm?
Jenen Kopf bewohnten einst Gedanken,
Stolz vielleicht und Dünkel seine Stirn:
Jetzt durchkriecht ein Nachtwurm ihn; und Ranken

Wilder Kräuter nährte sein Gehirn.
Dieser Staub am Wege hing um Seelen;
Wo ich trete, stäubt vielleicht ein Herz
Gott! und hier aus diesen Augenhöhlen
Starrete zu dir hinauf der Schmerz.

Welch ein Anblick! – Hieher, Volksregierer,
Hier, bei dem verwitternden Gebein
Schwöre, deinem Volk ein sanfter Führer,
Deiner Welt ein Friedensgott zu sein.
Hier schau her, wenn dich nach Ruhme dürstet!
Zähle diese Schädel, Völkerhirt,
Vor dem Ernste, der dein Haupt, entfürstet,
In die Stille niederlegen wird!
Lass' im Traum das Leben dich umwimmern,
Das hier unterging in starres Grau'n!
Ist es denn so reizend, sich mit Trümmern
In die Weltgeschichte einzubau'n?

Einen Lorbeerkranz verschmäh'n, ist edel!
Mehr als Heldenruhm ist Menschenglück!
Ein bekränztes Haupt wird auch zum Schädel,
Und der Lorbeerkranz zum Rasenstück!
Cäsar fiel an einem dunkeln Tage
Ab vom Leben, wie entstürmtes Laub;
Friedrich liegt im engen Sarkophage;
Alexander ist ein wenig Staub.
Klein ist nun der große Weltbestürmer;
Es verhallte, lauten Donnern gleich;
Längst schon teilten sich in ihn die Würmer,
So wie die Satrapen in sein Reich.

Fließt das Leben auch aus einer Quelle,
Die durch hochbekränzte Tage rinnt;
Irgendwo erscheint die dunkle Stelle,
Wo das Leben stille steht und sinnt.
Katharinas Lorbeerthaten zögen
Gern verhüllt den Lethestrom hinab;

Bess're retten ihre Gruft, und legen
Sanftre Kronen nieder auf ihr Grab.

Dort, dort unten, wo zur letzten Krümme,
Wie ein Strahl, der Lebensweg sich bricht,
Tönet eine feierliche Stimme,
Die dem Wandrer dumpf entgegen spricht:
»Was nicht rein ist, wird in Nacht verschwinden;
Des Verwüsters Hand ist ausgestreckt;
Und die Wahrheit wird den Menschen finden,
Ob ihn Dunkel oder Glanz versteckt!«

3. Entsagung

1790.

Meine Früchte sind gebrochen,
Meine Rosen sind gepflückt,
Und das letzte, frohe Pochen
Dieses Herzens ist erstickt;
Dieses Herzens, das so innig
Seine Lieb' um alles schlang,
Seinen Haß so gern versang,
Nur vielleicht zu eigensinnig
Gegen Sturm und Fluten rang.

Was, o Herz, hast du errungen?
Wo ist dein gelobtes Land?
Deine schönsten Huldigungen
Nahm die Hoffnung an – und schwand.
Nun ist dieser Mut geschieden,
Der so stolz die Flügel schlug,
Und auf seinem Adlerflug
Meine Seel' und ihren Frieden
Mitten durch die Stürme trug.

Dich nur kenn' ich noch, o Freude,
Die du dem Geräusch entweichst,
Und zur dunkeln Thränenweide
Gern mit deiner Wehmut schleichst.
Dort umwankt mich noch ein Schimmer,
Wie ein Geist aus toter Welt,
Der sich still zu mir gesellt,
Und im Dunkellicht die Trümmer
Der Vergangenheit erhellt.

Alles ist vorüberfliehend.
Weinend reißt sich aus dem Schoß
Eines Lebens, das so blühend

Sie umfing, die Seele los.
Unter frommen Nachtigallen
Ist mein schönster Traum verhallt;
Wachend seh' ich jetzt: der Wald
Wird, wenn seine Blätter fallen,
Heller wird er, aber kalt.

Über Gegendruck und Mängel
Flog ich hin, mit Lust und Scherz;
Alle Menschen waren Engel,
Alle lud ich in mein Herz.
Alles, alles fühlt' ich leiser,
Was das Leben niederdrückt,
Leicht befriedigt, leicht entzückt:
Jetzt bin ich ein wenig weiser
Und viel weniger beglückt.

Junge, heitre Wünsche traten
Hin vor meine Phantasie,
Die für alles, was sie baten,
Ihnen Zuversicht verlieh;
Furchtlos, irgendwo zu stranden,
Schifften sie den Strom der Zeit,
Unter scherzendem Geleit,
Rasch und fröhlich hin, und fanden
Nicht das Land der Seligkeit.

Doch war schön die Zeit der Blüte,
Schön die Thyrsusschwingerin;
Hold, wie lauter Lieb' und Güte,
Froh, wie lauter Lebenssinn,
Warf sie freundlich auf den Reigen
Meiner Stunden ihren Kranz;
Angethan mit ihrem Glanz,
Hielten unter Rosenzweigen
Glaub' und Hoffnung ihren Tanz.

Glaub' und Hoffnung, immer leiser
Schlichen sie von mir sich fort;
Meine schönsten Lebensreiser
Sind von mir hinweg gedorrt.
Und die Welt? – ach! die Geschichte
Ist der Wiederhall der Zeit,
Die sich mit sich selbst entzweit.
Komm', mein Herz, o komm' und flüchte
In den Schoß der Einsamkeit.

Wird die Welt uns noch vermissen,
Wenn in ihr uns nichts genügt?
Wenn der Fremdling, abgerissen,
Wie ein dürrer Zweig da liegt? –
O, dann muß er scheiden lernen!
Hier ist nicht das Land der Ruh!
Armer Pilger, steure du,
Unter ausgelöschten Sternen,
Tröstender Entsagung zu.

Kein verzagendes Gewinsel
Zögre deinen raschen Lauf;
Eine stille Friedensinsel
Nimmt dich endlich schirmend auf.
Doch, ihr fernen Huldgestalten,
Ihr verlaßt den Fremdling nicht;
Ihr seid ihm ein stilles Licht,
Wenn die finstern Stürme walten,
Und das morsche Fahrzeug bricht.

4. An Grotthuß

Dem Jüngling zeigt die Welt ein Bild der Jugend;
Und sonnig wogt sein Weg bergab, bergan.
Romantisch lacht ihm selbst die ernste Tugend;
Sie beut sich ihm mit ihren Kränzen an.
Er glaubt so gern bei frommen Huldigungen,
Er habe sie, weil er sie liebt, errungen,
Ob auch für sie kein Schweiß ihm noch entrann.

Begeistert schaut sein Blick in jene Ferne,
Ins Labyrinth der Abendwelt hinaus;
Der Tag erscheint, und löscht ihm seine Sterne,
Die Wahrheit löscht ihm seine Bilder aus.
Das Morgenthal, wo ist es hingeschwunden?
Er fragt: wo sind die Nachtigallenstunden? –
Zerflattert ist ihr kleines Blütenhaus!

Freund! unser Wandel ist ein Gang nach Morgen;
Ein langer Schatten läuft uns lustig nach,
Es ist das Leben, mit verhüllten Sorgen;
Vor uns die Welt, ein offnes Lustgemach;
Doch Abend wird's, und unsre Kräft' ermatten,
Und vor uns schwebt der liebgewordne Schatten:
Nun laufen wir dem lieben Flüchtling nach!

5. Nach einem alten Liede

O, möchte mein Liebchen ein Rosenstock sein!
Dann nähm' ich von draußen den Liebling herein,
Und stellt' ihn vors Fenster, im Frühlingsweh'n,
Da könnt' ich ihn immer und immerdar seh'n.

Da sollt' ihn erquicken die herrliche Luft,
Und mich sollt' entzücken sein lieblicher Duft.
Ich küßte den Duft mir, bei heimlichem Schein
Des Mondes, ins innerste Leben hinein.

Ich wollte wohl morgens und abends ihn schau'n,
Ihn sanft mit der Kühle des Quelles betau'n:
Dann flüsterten rosige Lippen mir zu:
»Ich bin ja dein Liebchen; mein Liebchen bist du.«

Und nahten die lüsternen Bienelein sich:
Dann spräch' ich: – »Mein Liebchen trägt Honig für mich;
Zieht weiter, ihr Bienlein, zum blühenden Hain,
Und laßt mir mein Liebchen das meinige sein!«

Es kämen auch freundliche Lüftchen daher,
Und neckten und scherzten und buhlten umher.
Die sprächen wohl huldige Wörtchen mir zu:
»Wir lieben, was hold ist; wir lieben, wie du.«

Es flatterte dann aus dem holden Gebüsch
Ein purpurnes Blättchen, so duftig und frisch,
Mir leis' auf die Wange; da wurzelt' es ein,
Da blüht' es wohl schöner, als draußen im Hain.

Und riefe die Mutter: »O, Töchterchen mein!
Dir glüht ja die Wange, wie Morgenrotschein!«
Dann spräch' ich: »Das haben die Rosen gethan;
Die Rosen am Fenster dort hauchten mich an.«

6. Romanze

Auf dem Berge dort oben, da wehet der Wind,
Da sitzet Mariechen, und wieget ihr Kind;
Sie wiegt es mit ihrer schneeweißen Hand,
Den Blick in die Ferne hinaus gewandt.

In die Ferne hinüber schweift all ihr Sinn;
Ihr Lieber, ihr Treuer, der ging dahin!
Sonst ging er, sonst kam er, nun kommt er nicht mehr!
Nun ist's um Mariechen so tot und so leer!

In den Busen, da fallen die Thränen hinein,
Da trinkt ihr Kindlein sie saugend mit ein;
Es schmeichelt der Mutter die kindliche Hand,
Ihr Blick ist hinaus in die Ferne gewandt.

Ach, wie sausend wehet der Wind und kalt!
Mariechen, dein Liebster ging aus in den Wald,
Ihm reichten die tanzenden Elfen die Hand;
Er folgte der lockenden Schar, und verschwand.

Auf dem Berge dort oben, da wehet der Wind,
Da sitzet Mariechen, und wieget ihr Kind,
Und schaut in die Nacht hin, mit weinendem Blick.
Dahin ging ihr Liebster, und kehrt nicht zurück!

7. Der Kosak und sein Mädchen

Olis.

Schöne Minka, ich muß scheiden! –
Ach! du fühltest nicht das Leiden,
Fern auf freudelosen Heiden,
Fern zu sein von dir!
Finster wird der Tag mir scheinen,
Einsam werd' ich steh'n und weinen,
Auf den Bergen, in den Hainen
Ruf' ich, Minka, dir!

Nie werd' ich von dir mich wenden,
Mit den Lippen, mit den Händen
Werd' ich Grüße zu dir senden
Von entfernten Höh'n!
Mancher Mond wird noch vergehen,
Ehe wir uns wiedersehen;
Ach, vernimm mein letztes Flehen:
Bleib' mir treu und schön!

Minka.

Du, mein Olis, mich verlassen?
Meine Wange wird erblassen,
Alle Freuden werd' ich hassen,
Die sich freundlich nah'n!
Ach! den Nächten und den Tagen
Werd' ich meinen Kummer klagen,
Alle Lüfte werd' ich fragen,
Ob sie Olis sah'n!

Tief verstummen meine Lieder,
Meine Augen schlag' ich nieder;
Aber – seh' ich einst dich wieder,
Dann wird's anders sein!

Ob auch all' die frischen Farben
Deiner Jugendblüte starben:
Ja mit Wunden und mit Narben
Bist du, Süßer, mein!

8. Die Sendung

Ida.

An Alexis send' ich dich;
Er wird, Rose, dich nun pflegen;
Lächle freundlich ihm entgegen,
Daß ihm sei, als säh' er mich!

Frisch, wie du der Knosp' entquollst,
Send' ich dich; er wird dich küssen:
Dann – jedoch er wird schon wissen,
Was du alles sagen sollst.

Sag' ihm leise, wie ein Kuß
Mit halb aufgeschloss'nem Munde,
Wo mich, um die heiße Stunde,
Sein Gedanke suchen muß.

9. Das verfehlte Wort

Robert.

Sie ging zum Sonntagstanze!
Schon klang Musikgetön!
Und sie, im grünen Kranze,
Sie war so wunderschön!

Heut, dacht' ich, kannst du's wagen!
Du kannst ja mit ihr geh'n,
Ihr dies und jenes sagen,
Und ihr dein Herz gesteh'n.

Ich ging ihr nach; sie eilte
Dahin am Lerchenhain;
Und wo der Weg sich teilte,
Da holt' ich sie erst ein.

Sie fragte, was ich wollte;
Und ach, ich wußte nicht,
Was ich ihr sagen sollte!
Mir brannte das Gesicht.

Und was ich endlich sagte –
Mir war nicht wohl dabei –
Ich sagte nichts, und fragte,
Ob heute Sonntag sei!

Ihr färbten sich die Wangen;
Kaum wagt' ich, aufzuseh'n!
So blieb ich, ganz befangen,
Vor ihren Blicken steh'n.

Die hätt' ich fliehen mögen;
Denn trieben sie mir nicht,

Als ob sie Wasser zögen,
Die Thränen ins Gesicht?

Kaum hört' ich, was ich hörte.
Nein! Robert hat kein Glück!
Ich nahm ein Herz, und kehrte
Beschämt und still zurück.

Was ich ihr sagen wollte,
War wohl ein schönes Wort;
Und als es gelten sollte,
Da war's auf einmal fort.

Wenn das so mit mir bliebe,
Dann würd' ich noch zum Tropf.
Ach, glaubt es nur! die Liebe
Verwirrt den klügsten Kopf.

10. An die Deutschen!

1809.

Hört, welch ein Ruf! der mit dem Lerchenschlage
Fern her die blaue Frühlingsluft erfüllt,
Und im Gemüt der nachtverhüllten Klage
Den Lichtblick neuer Hoffnungen enthüllt!
Verkündet er den festlichsten der Tage,
Den Richttag Gottes, der die Zeit erfüllt?
Es tönet, wie mit langverhaltnem Grimme;
Vom Donaustrom herüber schallt die Stimme.

Da spiegelt sich das neue Morgenrot.
Auf, deutsche Söhne, wagt, euch zu erheben!
Unwillig braust der Rhein durch seine Reben,
Löst ihn und euch vom fremden Machtgebot.
Der Sklave lebt nur halb, und halbes Leben,
Nichts weiter ist's, als ein gefühlter Tod.
O, richtet euch mit frischem Herzensschlage
Empor zum großen Auferstehungstage!

Nur Wollen gilt's; im Wollen ruht die Kraft,
Nur Wollen gilt's, um Felsen zu zersplittern;
Und deutsche Fürsten sollten in der Haft
Der Kettenschmach vor einem Gaukler zittern? –
Brecht stürmend auf, gleich brausenden Gewittern!
Versöhnt den Geist der alten Heldenschaft,
Und reicht von Süd und Nord euch treu die Hände,
Daß keine Schmach das Heiligste mehr schände!

Nur Wollen gilt's! da seht! die Lügenbrut,
Ob sie auch prunkend Sieg auf Sieg entführte,
Bekennt durch sich, daß ihr kein Sieg gebührte.
Der Geist der Wahrheit sei mit eurem Mut,
Den ungebeugt die Knechtschaft nicht berührte.
Am Schrei der Not entzündet eure Glut!

Vernehmt, Geborene von deutschen Müttern,
Vernehmt den Ruf, um euch empor zu schüttern!

Seht die Gestalt, mit Fesseln an der Hand,
Da liegend, wie ein Opfertier gebunden,
Aus dem schon halb das Leben weggeschwunden:
Das ist, entsetzt euch! euer Vaterland!
Und welch ein Vampir saugt an seinen Wunden?
Das ist der Friede, der das Opfer band.
So ganz ist er zur Höllenkunst geworden,
Die halb erwürgt, um länger zu ermorden.

Brecht rüstig auf, und fraget nicht das Glück!
Euch führen Helden, stärkt euch durch Vertrauen!
Laßt hinter euch das alte Mißgeschick!
Wie Wasserfluten brauset durch die Auen!
Glaubt an euch selbst, und reißet aus den Klauen
Des Galliers das Vaterland zurück.
Nur Wollen gilt's, um kräftig aufzustehen:
Ein Volk, das steh'n will, kann nicht untergehen.

11. Der letzte Raub

1812.

Wir hörten kaum gewagte dumpfe Sagen:
Der Held der Zeit, der Weltverwüster sei
Von Gotteshand gewaltiglich geschlagen,
Ihm folge laut des Nordes Hohngeschrei.
Da kam er – Fluch und Haß, die einzigen Begleiter,
Umgaben ihn, statt aller seiner Reiter.

Wie laut und prunkend war er ausgezogen,
Wie still, wie heimlich kehrt sein Stolz zurück!
Ihm, der die Welt so tausendfach belogen,
Ihm log nun doch einmal sein eignes Glück.
Der große Mann, der nie sich satt geraubt, der raubte
Zuletzt den Glauben dem, der heilig an ihn glaubte.

12. Die Nacht der Siegesbotschaft

Den 23sten Oktober 1813.

Erhelle dich, du meine dunkle Halle,
Erfülle dich mit Siegesherrlichkeit!
Triumphgesang! ein Welttriumph erschalle!
Verkünde laut: erfüllet ist die Zeit.
Wer heilig treu am Glauben hielt, der hebe,
Mit mir empor sein freies Haupt, und lebe!

Das Leben war, wie ausgelöschte Gluten,
Wie ausgestoßen aus dem Sonnenraum,
Hinabgesunken in des Orkus Fluten,
Und oben schwamm des Daseins öder Traum.
Des Todes Stachel ist hinweggerissen,
Der Hölle Sieg bedeckt mit Finsternissen!

Das Vaterland ist ledig seiner Ketten;
Die Wahrheit darf sich ihrem Altar nah'n;
Das Recht ist frei, die Seelen zu erretten,
Die tief verzweifelnd seinen Stern nicht sah'n.
Den hehren Stern, der Gottes Reich verkündet,
Und jede Brust, die an ihn glaubt, entzündet.

Bist du es, Wahrheit, die mich aus der langen,
Verstummten Nacht in diese Strahlen hub?
Ist wirklich abgewischt von meinen Wangen
Die Thräne, die so tiefe Furchen grub?
Darf sich das Herz dies Hochgefühl erlauben?
Ich zitt're noch, kaum glaub' ich meinem Glauben.

Noch lag vor meinem Blick ein dunkles Walten,
Von halb verhüllten Sternen still umkreist;
Und von der Kraft des Glaubens fest gehalten,
Besuchte voll Erinnerung mein Geist

Den Tempelraum, wo meine Götter schwanden,
Die Stelle, wo mein Vaterland gestanden.

Es war der Mitternacht geweihte Stunde;
Sie hatte heilig schweigend sich geweiht:
Da kam, wie Lichtaufgang, die frohe Kunde
Des großen Siegs, in meine Dunkelheit,
So festlich hell, wie Engel sich gestalten;
Sie sprach zu mir: Dein Glaub' hat Wort gehalten.

Triumph! der Sieg des Rechtes ist errungen.
Ihr Völker nichts, o nichts mehr von Verlust!
Werft hinter euch die Schmacherinnerungen,
Ein Gottgefühl erfülle jede Brust!
Fühlt, was die Zeit in ihrem Schoß bewahrte,
Wie groß und herrlich Gott sich offenbarte.

Sei jedes Thal zu einem Gotteshause,
Zum Altar jeder Hügel eingeweiht!
Vom Aufgang bis zum Niedergange brause
Der Lobgesang: Erfüllet ist die Zeit!
Der Feind des Rechts, des Friedens ist vernichtet,
Nicht Menschenweisheit, Gott hat ihn gerichtet.

Auf meinem Hügel will ich niederfallen,
Wie Opferglut auflodern in Gebet.
O still! kein Fluch soll hier herüberschallen.
Geheiligt sei die Luft, die mich umweht,
Fern Haß und Groll! ich nahe mich dem Reinen,
Ein reines Herz, das darf vor Gott erscheinen.

Biographie

1752	*14. Dezember:* Christoph August Tiedge wird in Gardelegen/Altmark als Sohn des Rektors Johann Conrad Tiedge und einer Kaufmannstochter geboren.
	Tiedge ist ein eher introvertiertes Kind.
1770	Tiedge studiert Jura in Halle.
1777	Er ist Übersetzer und Büroschreiber in Magdeburg.
1781	Hauslehrer in Ellrich.
1788	Er besucht Gleim in Halberstadt, der später sein literarisches Vorbild wird.
1789	Sekretär in Eilenstedt.
1792–97	Gesellschafter und Erzieher an wechselnden Orten. Elisa von der Recke ist seine Seelenfreundin und Ernährerin.
1792	»Die Einsamkeit«, (Leipzig).
1800	Sein Lehrgedicht »Urania; über Gott, Unsterblichkeit und Freiheit« erscheint in Halle und Leipzig. Es wird vom zeitgenössischen Publikum am meisten von allen seinen Werken gerühmt.
1803	Er lebt mit Elisa und reist viel mit ihr umher.
1803–07	»Elegien und vermischte Gedichte«, (2 Bände, Halle 1803 und 1807).
	»Frauenspiegel« (Halle 1807).
1812	»Das Echo, oder Alexis und Ida« (Halle).
1815	»Ännchen und Robert. oder der singende Baum«, (Halle 1815)
	Theodor Körner. In: »Theodor Körners vermischte Gedichte und Erzählungen« (Leipzig 1815).
1823	»Anna Charlotta Dorothea, letzte Herzogin von Curland«, (Halle 1823).
	»Werke« (Herausgegeben von August Gottlob Eberhard, 8 Bände, Halle 1823–1829).
1833	Elisa stirbt.
1841	Es wird eine Tiedge-Stiftung gegründet.
	8. März: Tiedge stirbt in Dresden; seine Grabstätte befindet sich dort auf dem Inneren Neustädter Friedhof, wo er neben seiner Lebensgefährtin Elisa beigesetzt ist.

Postum erscheinen »Sämmtliche Werke«, (10 Bände, Leipzig) und »C. A. Tiedges Leben und poetischer Nachlaß« (hg. von Karl Falkenstein, 4 Bände, Leipzig).

Dekadente Erzählungen

Im kulturellen Verfall des Fin de siècle wendet sich die Dekadenz ab von der Natur und dem realen Leben, hin zu raffinierten ästhetischen Empfindungen zwischen ausschweifender Lebenslust und fatalem Überdruss. Gegen Moral und Bürgertum frönt sie mit überfeinen Sinnen einem subtilen Schönheitskult, der die Kunst nichts anderem als ihr selbst verpflichtet sieht.

Rainer Maria Rilke Die Aufzeichnungen des Malte Laurids Brigge **Joris-Karl Huysmans** Gegen den Strich **Hermann Bahr** Die gute Schule **Hugo von Hofmannsthal** Das Märchen der 672. Nacht **Rainer Maria Rilke** Die Weise von Liebe und Tod des Cornets Christoph Rilke

ISBN 978-3-8430-1881-4, 412 Seiten, 29,80 €

Erzählungen aus dem Sturm und Drang

Zwischen 1765 und 1785 geht ein Ruck durch die deutsche Literatur. Sehr junge Autoren lehnen sich auf gegen den belehrenden Charakter der - die damalige Geisteskultur beherrschenden - Aufklärung. Mit Fantasie und Gemütskraft stürmen und drängen sie gegen die Moralvorstellungen des Feudalsystems, setzen Gefühl vor Verstand und fordern die Selbstständigkeit des Originalgenies.

Jakob Michael Reinhold Lenz Zerbin oder Die neuere Philosophie **Johann Karl Wezel** Silvans Bibliothek oder die gelehrten Abenteuer **Karl Philipp Moritz** Andreas Hartknopf. Eine Allegorie **Friedrich Schiller** Der Geisterseher **Johann Wolfgang Goethe** Die Leiden des jungen Werther **Friedrich Maximilian Klinger** Fausts Leben, Taten und Höllenfahrt

ISBN 978-3-8430-1882-1, 476 Seiten, 29,80 €

Erzählungen aus dem Sturm und Drang II

Johann Karl Wezel Kakerlak oder die Geschichte eines Rosenkreuzers **Gottfried August Bürger** Münchhausen **Friedrich Schiller** Der Verbrecher aus verlorener Ehre **Karl Philipp Moritz** Andreas Hartknopfs Predigerjahre **Jakob Michael Reinhold Lenz** Der Waldbruder **Friedrich Maximilian Klinger** Geschichte eines Teutschen der neusten Zeit

ISBN 978-3-8430-1883-8, 436 Seiten, 29,80 €